INVITATION AU LATIN

LEXIQUE 3E

J. Gason – A. Lambert, *professeurs agrégés*

Éditions Magnard • 122, boulevard Saint-Germain • Paris 6e

Collection *INVITATION AU LATIN*

J. GASON - A. LAMBERT

6e / 5e	***Invitation aux langues anciennes*** (Aux sources du Français)
4e	***Invitation au latin 4e*** Lexique correspondant 4e Livret de vocabulaire 4e / 3e
fin 4e vacances début 3e	***Le fabuleux destin d'Euriskos*** par E. Marotte (roman - jeu de rôle)
3e	***Invitation au latin 3e*** Lexique correspondant 3e Livret de vocabulaire 4e / 3e

Lexique français-latin (thème) p. 4

Lexique latin-français (version) p. 29

NOTE SUR L'UTILISATION DES LEXIQUES

Ce fascicule correspond au livre *INVITATION AU LATIN 3ᵉ*, et à lui seul.

On n'a pas indiqué dans les lexiques :

– les adverbes de manière quand ils se forment régulièrement sur l'adjectif ;

– les adjectifs numéraux cardinaux et ordinaux, dont la liste figure dans les tableaux récapitulatifs du livre ;

– le parfait et le supin des verbes de la 1ʳᵉ conjugaison, lorsqu'ils se forment régulièrement *(-ávi, -átum).*

LEXIQUE DE VERSION :

On trouvera dans le lexique de version :
– tous les mots introduits dans les textes de base des chapitres ;
– les mots suivis du signe • dans les versions des chapitres et les textes d'auteurs ;
– les noms propres qui présentent une difficulté de traduction, de déclinaison ou de genre.

Si ce lexique est destiné à faciliter la tâche des élèves en leur évitant le recours au dictionnaire, il offre déjà, pour de nombreux mots, plusieurs sens nettement différents entre lesquels il faudra choisir.

LEXIQUE DE THÈME :

Avant de chercher dans ce lexique, cherchez dans votre mémoire : vous devriez connaître le mot dont la traduction vous échappe, puisque les exercices n'utilisent que des mots déjà appris.

thème

LEXIQUE FRANÇAIS - LATIN

A

à : prép. : 1. intr. un C.O.S. : DATIF – 2. intr. un compl. de lieu : voir (selon le sens) *dans* ou *vers* – 3. intr. un compl. de temps : ABL. – 4. intr. un compl. de qualité : GÉN. ou ABL.

abandonner : relínquo. is, ĕre, relíqui, relíctum – defício, is, ĕre, -féci, -féctum

abattu : *être abattu :* jáceo, es, ére, jácui

abondance : cópia, ae, f.

abord (d') : primum

aborder : ádeo, -is, -íre, -ii, -itum + ACC. ou ad + ACC.

aboutir : procédo, is, ĕre, -céssi, -céssum

absent : *être absent (de) :* absum, -es, -ésse, áfui (ab + ABL.)

absolument : omníno

accabler : premo, is, ĕre, pressi, pressum – confício, is, ĕre, -féci, -fectum

accident : casus, us, m.

accourir *à la rencontre de :* occúrro, is, ĕre, -cúrri, -cúrsum + DAT.

accroître : aúgeo, es, ére, auxi, auctum

accueillir : accípio ou excípio, is, ĕre, -cépi, -céptum

accuser : accúso, as, áre

achever : effício (confício), is, ĕre, -féci, -féctum

action : factum, i, n.

activité : ópera, ae, f.

admirer : miror, áris, ári, átus sum

affaire : res, rei, f. – *les affaires publiques :* respública, reipúblicae, f. – *affaire (personnelle, politique, commerciale) :* negótium, -ii, n.

affirmer : confírmo, as, áre – áio, ais (défectif)

affluer : convénio, is, íre, -véni, -véntum

affronter : súbeo, -is, -íre, -ii, -itum

afin que, afin de : ut + SUBJ. – *afin que... ne... pas, afin de ne... pas :* ne + SUBJ.

âge : aetas, -átis, f.

âgé *(de) :* natus (+ ACC.) – *le plus âgé (de deux) :* sénior, -óris – major natu – *les plus âgés :* senióres

agir : ago, is, ĕre, egi, actum

agiter : mísceo, es, ére, míscui, mixtum

agréable : jucúndus, a, um – gratus, a, um

ah ! si seulement... : útinam + SUBJ. impf., pl.-q.-pf.

aide : auxílium, -ii, n. – (*ops), opis, f.

aider : adsum, -es, -ésse, ádfui (+ DAT.) – juvo, as, áre, juvi, jutum (+ ACC.)

ailleurs (d') : céterum

aimer : amo, as, áre, ávi, átum – *aimer mieux :* malo, mavis, malle, málui

aîné *(de deux) :* major (-óris) natu

ainsi : ita – sic – *ainsi que :* ut, sicut, velut + INDIC. – *pour ainsi dire :* tamquam (tanquam)

air *(expression du visage) :* vultus, us, m.

ajouter : addo, is, ĕre, áddidi, ádditum – adjício, is, ĕre, -jéci, -jéctum – *s'ajouter (à) :* accédo, is, ĕre, -céssi, -céssum (+ DAT. ou ad + ACC.) – *il s'ajoute le fait que :* accédit quod

Alésia : Alésia, ae, f.

aller : eo, is, ire, ivi(ii), itum – *aller = être sur le point de :* employer le part. futur – *aller dans :* íneo, -is, -íre, -ii, -itum – *aller vers :* ádeo, -is, -íre, -ii, -itum + ACC. ou ad + ACC. – *aller sous :* súbeo, -is, -íre, -ii, -itum – *s'en aller :* ábeo, -is, -íre, -ii, -itum – discédo, is, ĕre, -céssi, -céssum

allié : sócius, -ii, m.

alors : tum (tunc) – *alors que :* cum + SUBJ.

ambassadeur : legátus, i, m.

âme : ánimus, i, m. – ánima, ae, f.

amener : addúco, is, ĕre, -dúxi, -dúctum

ami : amícus, i, m.

amitié : amicítia, ae, f.

amour : amor, -óris, m.

an : annus, i, m.

ancêtres : majóres, um, m. pl.

ancien : antíquus, a, um

animal : ánimal, -ális, n.

année : annus, i, m.

annoncer : núntio, as, áre

antérieur : supérior, ius – prior, prius (-óris)

Antoine : Antónius, -ii, m.

apercevoir : adspício ou conspício, is, ĕre, -spéxi, -spéctum – *s'apercevoir :* animadvérto, is, ĕre -vérti, -vérsum

apparence : spécies, -iéi, f.

appartenir *(à) :* pertíneo, es, ére, -tínui, -téntum (ad + ACC.)

appeler : voco, as, áre – appéllo, as, áre

application : stúdium, -ii, n.

apporter : áffero, affers, afférre, áttuli, allátum

apprendre : 1. *(une nouvelle)* accípio, is, ĕre, accépi, accéptum – *de quelqu'un :* ab + ABL. – *apprendre que :* accípĕre + PROP. INF. – aúdio, is, íre, íνi (ii), ítum + PROP. INF. – 2. *(une leçon)* disco, is, ĕre, dídici – *apprendre à connaître :* nosco, is, ĕre, novi, notum – cognósco, is, ĕre, cognóvi, cógnitum

approcher : *s'approcher (de) :* ádeo, -is, -íre, -ii, -itum (+ ACC. ou ad + ACC.) – súbeo, -is, -íre, -ii, -itum (+ ACC. ou ad + ACC.) – accédo, is, ĕre, -céssi, -céssum (+ DAT. ou ad + ACC.)

après : 1. prép. : post + ACC. – 2. adv. : post – 3. *après* + INFIN., *après que :* postquam (+ INDIC.) – cum + SUBJ. pl.-q.-pf.

apte *(à) :* idóneus, a, um (+ DAT. ou ad + ACC.)

arbre : arbor, -oris, f.

ardent : acer, acris, acre

ardeur : stúdium, -ii, n.

argent : pecúnia, ae, f.

arme : *les armes :* arma, órum, n. pl. – *arme de jet :* telum, i, n. – *soldat en armes :* armátus, i, m.

armée : exércitus, us, m. – *armée en marche :* agmen, -inis, n.

armer : armo, as, áre

arracher : erípio, is, ĕre, erípui, eréptum

arrêter : impédio, is, íre, ívi, ítum – *s'arrêter :* resísto, is, ĕre, réstiti

arriver : pervénio, is, íre, pervéni, pervéntum – (pour un événement) : áccido, is, ĕre, áccidi – *il arrive que :* áccidit ut, fit ut, contíngit ut + SUBJ.

art : ars, artis, f.

aspect : spécies, -iéi, f.

assaut : ímpetus, us, m

assez : comparatif de l'adjectif ou de l'adverbe – *assez (de) :* satis + GÉN.

assiéger : oppúgno, as, áre

assis (être) : sédeo, es, ére, sedi, sessum

assister (à) : adsum, -es, -ésse, ádfui (+ DAT.)

assurément : quidem

attachement : stúdium, -ii, n.

attaque : ímpetus, us, m. – oppugnátio, -ónis, f.

attaquer : oppúgno, as, áre

atteindre : contíngo, is, ĕre, -tigi, -táctum

attendre : exspécto, as, áre – *en attendant que :* ántequam (ante... quam), priúsquam (prius... quam) + SUBJ.

attribuer *(par un décret) :* decérno, is, ĕre, -crévi, -crétum

aucun... ne : nullus, a, um – *et aucun... ne :* neque ullus, a, um

au-delà : adv. : ultra – *au-delà de :* ultra, trans + ACC.

augmenter : aúgeo, es, ére, auxi, auctum

Auguste : Augústus, i, m.

auparavant : ante

auprès de : ad + ACC.

aussi : quoque (après le mot qu'il souligne) – étiam, et – *non seulement... mais aussi :* non solum (tantum, modo)... sed (verum) étiam – *aussi bien... que :* et... et – *aussi (= si) :* tam – *aussi* (+ adj. ou adv.) ... *que :* tam... quam – *aussi grand que :* tantus... quantus – *aussi nombreux que :* tot... quot

aussitôt : statim

autant... que : tantum... quantum

autel : ara, ae, f.

autorité : impérium, -ii, n.

autre : *un autre :* álius, a, ud – *autre que :* álius ac (atque) – *l'un... un autre... un autre :* álius... álius... álius – *l'autre (de deux) :* alter, -era, -erum – *l'un... l'autre :* alter... alter – *l'un et l'autre :* utérque, utráque, utrumque – *(tous) les autres :* céteri, ae, a – réliqui, ae, a

autrefois : olim – quondam

autrui (d') : aliénus, a, um

avancer : *faire avancer :* ago, is, ĕre, egi, actum – *s'avancer :* accédo ou procédo, is, ĕre, -céssi, -céssum

avant : 1. prép. : ante + ACC. – 2. adv. : ante – *avant le moment où :* ántequam, priúsquam (+ INDIC.) – *avant que :* ántequam, priúsquam (+ SUBJ.)

avantage : praémium, -ii, n.

avec : (compl. de moyen et de manière) : ABL. – (compl. d'accompagnement) : cum + ABL.

avertir : móneo, es, ére, ui, itum – *avertir que, de :* monére ut + SUBJ.

aveugle : caecus, a, um

avide *(de) :* cúpidus, a, um (+ GÉN.)

avidité : cupíditas, -átis, f.

avis : senténtia, ae, f. – *être d'avis :* séntio, is, íre, sensi, sensum

avisé : prudens, -ntis

avoir : 1. hábeo, es, ére, ui, itum – 2. tourner par sum + DAT. – 3. *il y a :* employer sum – *il y a des gens qui :* sunt qui + SUBJ.

B

bagages : impediménta, órum, n. pl.

barbare : bárbarus, a, um

bas : *plus bas :* inférior, -ius – *le plus bas, le bas de :* ínfimus, a, um

bataille : pugna, ae, f. – *ligne de bataille :* ácies, -iéi, f.

bateau : navis, is, f.

bâtiment : aedifícium, -ii, n

battre en retraite : se recípĕre (recípio, is, ĕre, -cépi, -céptum)

beau : pulcher, -chra, -chrum

beaucoup : multum – devant un comparatif : multo – *beaucoup de (= nombreux) :* multi, ae, a – *beaucoup de gens :* multi, órum

beauté : forma, ae, f. – decus, -oris, n.

besoin : *j'ai besoin de qque ch. :* mihi opus est + ABL – *j'ai besoin de* + INF. : mihi opus est + INF.

bête sauvage : fera, ae, f.

bien : 1. adverbe : bene (mélius, óptime) – *être bien portant, se bien porter :* váleo, es, ére, válui – 2. nom : *le bien, un bien :* bonum, i, n. – *les gens de bien :* boni, órum, m. pl. – *les biens :* bona, órum, n. pl. – res, rerum, f. pl. – 3. *ou bien :* vel – 4. *bien sûr :* quidem – 5. *aussi bien... que :* et... et – 6. *bien que :* quanquam, etsi + INDIC. – cum + SUBJ. – 7. *si bien que :* ut + SUBJ.

bienfait : benefícium, -ii, n.

bienséance : decus, -oris, n.

bientôt : mox

bienvenu : gratus, a, um

blâmer : reprehéndo, is, ĕre, reprehéndi, reprehénsum

blé : fruméntum, i, n.

blessure : vulnus, -eris, n.

bois : silva, ae, f.

bon : bonus, a, um – *bonne foi :* fides, fídei, f.

bouche : os, oris, n.

bouleverser : mísceo, es, ére, míscui, mixtum – pertúrbo, as, áre

bref : brevis, e

briguer *(une charge, une magistrature) :* peto, is, ĕre, ívi (ii), ítum

briser : frango, is, ĕre, fregi, fractum

bruit qui court : fama, ae, f.

butin : praeda, ae, f.

C

cacher : condo, is, ĕre, cóndidi, cónditum

cadeau : munus, -eris, n. – donum, i, n. – *donner en cadeau à, faire cadeau à qqu'un :* dare dono álicui

cadet : minor (-óris) natu

calme : aequus, a, um

camp (un) : castra, órum, n. pl.

campagne : rus, ruris, n.

capable (de) : is, ea, id... qui + SUBJ.

capitale : caput, -itis, n.

capitulation : dedítio, -ónis, f. – *recevoir la capitulation de :* in deditiónem accípĕre + ACC.

car : nam – enim (après le 1er mot)

caractère : índoles, is, f.

carrière des honneurs : cursus (us, m.) honórum

carthaginois : Carthaginiénsis, e – *les Carthaginois :* Carthaginiénses, ium, m. pl. – Poeni, órum, m. pl.

cas : *en tout cas :* certe

Caton : Cato, -ónis, m.

cause : causa, ae, f. – *à cause de :* propter + ACC. ; ob + ACC.

cavalerie : equitátus, us, m.

cavalier : eques, -itis, m.

① ***ce, cette – celui, celle, ce*** *(qui)* ***– celui-ci, celle-ci, ceci :*** is, ea, id

② ***ce... ci, cette... ci – celui-ci, celle-ci, ceci :*** hic, haec, hoc

③ ***ce... là, cette... là – celui-là, celle-là, cela :*** ille, illa, illud – iste, ista, istud

céder *(à) :* cedo, is, ĕre, cessi, cessum (+ DAT.)

célèbre : clarus, a, um

centurion : centúrio, -ónis, m.

cependant : tamen

cercle : orbis, is, m.

cérémonie *(religieuse) :* sacrum, i, n.

① ***certain, un certain :*** 1. pron.indéf. : quidam, quaedam, quiddam – 2. adj. indéf. : quidam, quaedam, quoddam

② ***certain*** (adj. qualif. = *sûr) :* certus, a, um

certes : quidem

cesser *(de) :* désino, is, ĕre, désii, désitum (+ INF.)

c'est pourquoi : ítaque – ídeo

chacun : quisque, quaeque, quidque

chaîne : vínculum, i, n.

champ : ager, agri, m. – *Champ de Mars :* Campus (i) Mártius (-ii)

chance : fortúna, ae, f.

chanceux : felix, -ícis

changement : *changement politique :* res novae, rerum novárum

changer, changer de : muto, as, áre + ACC.

chanter : cano, is, ĕre, cécini, cantum

chaque : quisque, quaeque, quodque

charge : munus, -eris, n.

charmer : delécto, as, áre

chasser : pello, is, ĕre, pépuli, pulsum

châtiment : poena, ae, f.

chef : *(militaire) :* dux, ducis, m. – *(civil) :* prínceps, -ipis

chemin : iter, itíneris, n.

cher : carus, a, um

chercher : quaero, is, ĕre, quaesívi, quaesítum – *chercher à obtenir :* peto, is, ĕre, petívi (ii), petítum

cheval : equus, i, m.

chevalier : eques, -itis, m.

chez : apud + ACC. – *chez moi, chez toi,* etc. (lieu où l'on va) : domum – (lieu où l'on est) : domi

choisir : lego, is, ĕre, legi, lectum

chose : res, rei, f. – Pour traduire *choses* + adj. (ex. : *de grandes choses),* on emploie plutôt, au nominatif et à l'acc. l'adjectif latin au neutre pl. (magna plutôt que magnae res, magnas res ; mais au gén. pl. magnárum rerum, au dat.-abl. pl. magnis rebus).

ciel : caelum, i, n.

circonstance : tempus, -oris, n.

cité, droit de cité : cívitas, -átis, f.

citoyen : civis, is, m.

citoyenneté : cívitas, -átis, f.

climat : caelum, i, n.

cohorte : cohors, -tis, f.

colère : ira, ae, f. – *se mettre en colère (contre) :* iráscor, eris, irásci, irátus sum (+ DAT.)

colonie : colónia, ae, f.

colonne *(troupe en marche) :* agmen, -inis, n.

combat : pugna, ae, f. – proélium, -ii, n. – *combat de gladiateurs :* munus, -eris, n. – *front du combat :* ácies, aciéi, f.

combattre *(contre) :* pugno, as, áre (cum + ABL.)

combien : (+ adj. ou adv.) : quam – (+ verbe) : quantum – *combien de :* quam multi, ae, a – quot (invariable) – *combien de temps, pendant combien de temps :* quámdiu

commandement : impérium, -ii, n.

commander *(à) :* praesum, -es, -ésse, praéfui (+ DAT.) – ímpero, as, áre (+ DAT.)

comme : 1. conj. de sub. : a) de comparaison (= *de même que) :* ut, sicut, velut, tamquam (tanquam) + INDIC. – b) de cause ou de temps (= *alors que) :* cum + SUBJ. – 2. adv. exclamatif : quam (+ adj. ou adv.) – quantum (+ verbe)

commencement : inítium, -ii, n.

commencer : incípio, is, ĕre, incépi ou coepi, incéptum ou coeptum – íneo, is, íre, -ii, -itum – committo, is, ĕre, -mísi, -míssum – órior, [íris], oríri, ortus sum

comment : quómodo

commettre : commítto, is, ĕre, -mísi, -míssum

commun : commúnis, e

compagne, compagnon : comes, -itis, f./m.

comparer *(à) :* cónfero, confers, conférre, cóntuli, collátum (cum+ ABL.) - cómparo, as, áre (cum+ ABL.)

comporter (se) : se gérĕre (gero, is, ĕre, gessi, gestum)

composer : compóno, is, ĕre, -pósui, -pósitum

comprendre *(que) :* intéllego, is, ĕre, intelléxi, intelléctum (+ PROP. INF.)

compte : rátio, -ónis. f. – *tenir compte de :* ratiónem hábeo, es, ére, ui, itum+ GÉN. - *se rendre compte (que) :* intéllego, is. ĕre, intelléxi, intelléctum (+ PROP. INF.)

concerner : pertíneo, es, ére, -tínui, -téntum (ad + ACC.)

concitoyen : civis, is, m.

condamner : damno, as, áre

condition : condício, ónis, f. – *condition sociale :* locus, i, m.

conduire : duco, is, ĕre, duxi, ductum – *conduire (vers) :* addúco, is, ĕre, -dúxi, -dúctum – *conduire hors de :* edúco, is, ĕre, -dúxi, -dúctum

confiance : fides, fídei, f. – *faire confiance à :* credo, is, ĕre, crédidi, créditum+ DAT.

confier : commítto, is, ĕre, -mísi, -míssum – permítto, is, ĕre, -mísi, -míssum – trado, is, ĕre, trádidi, tráditum

connaître : *apprendre à connaître :* nosco, is, ĕre, novi, notum (pf. novi : *je connais)* – cognósco, is, ĕre, cognóvi, cógnitum (pf. cognóvi : *je connais*)

connu : nóbilis, e

conseil : consílium, -ii, n.

① ***conseiller*** (nom) : auctor, -óris, m.

② ***conseiller :*** móneo, es, ére, ui, itum – suádeo, es, ére, suási, suásum – *conseiller de :* monére, suadére ut+ SUBJ.

conserver : servo, as, áre

consister, être constitué : consto, as, áre, cónstiti

construction : aedifícium, -ii, n.

consul : consul, -ulis, m.

content : laetus, a, um

contraire : *tourné en sens contraire :* divérsus, a, um – *au contraire :* contra

contrairement à : contra+ ACC.

contre : advérsus+ ACC. – contra+ ACC. – in+ ACC. – après des expressions comme *combattre, faire la guerre contre :* cum+ ABL. – *porter contre :* ínfero, -fers, -férre, íntuli, illátum in+ ACC.

contrée : régio, -ónis, f.

convenable (à) : idóneus, a, um (+ DAT. ou ad+ ACC.)

conversation : sermo, -ónis, m.

corps : corpus, -oris, n.

côte : litus, -oris, n.

côté : *envoyer de tous les côtés :* dimítto, is, ĕre, -mísi, -míssum

couché : *être couché :* jáceo, es, ére, ui

couper : caedo, is, ĕre, cecídi, caesum

courage : ánimus, i, m. – virtus, -útis, f.

courageux : fortis, e

cours d'eau : flumen, -inis, n.

course : cursus, us, m.

court : brevis, e

coûter : consto, as, áre, cónstiti+ ABL.

coutume : mos, moris, m. – consuetúdo, -inis, f.

couvrir : tego, is, ĕre, texi, tectum

craindre : tímeo, es, ĕre, ui – métuo, is, ĕre, ui – véreor, éris, veréri, véritus sum (*que ne :* ne+ SUBJ. – *que ne pas :* ne non + SUBJ.)

crainte : metus, us, m. – timor, -óris, m.

crime : scelus, -eris, n.

critiquer : reprehéndo, is, ĕre, reprehéndi, reprehénsum

croire *(que) :* credo, is, ĕre, crédidi, créditum (+ PROP. INF.)

croître : cresco, is, ĕre, crevi, cretum

cruel : saevus, a, um

culte : sacrum, i, n.

cultiver : colo, is, ĕre, cólui, cultum

culture *(littéraire) :* litterae, árum, f. pl.

curie : cúria, ae, f.

D

danger : perículum, i, n.

dans : (lieu où l'on est) : in+ ABL. – (lieu où l'on va) : in + ACC. – *entrer dans :* íneo, -is, -íre, -ii, -itum – *porter dans :* ínfero, infers, inférre, íntuli, illátum

davantage : ámplius

de : préposition : 1. introd. un compl. de nom : GÉN. – 2. introd. un compl. de moyen : ABL. – 3. introd. une apposition : ne se traduit pas – 4. introd. un compl. de lieu (lieu d'où l'on vient) : ex + ABL. (pour noms de villes, domus, rus : ABL. seul) – 5. introd. un compl. de qualité : GÉN. ou ABL. – 6. introd. un compl. de verbe passif : ABL. pour un nom de chose, a (ab) + ABL. pour un nom de personne – 7. *(loin de)* : a (ab) + ABL. – 8. *(au sujet de, du haut de, en détachant de)* : de + ABL. – 9. *(hors de)* : e (ex) + ABL. – 10. *(des)* introd. un compl. du superlatif : GÉN. ou e (ex) + ABL.

debout : *être (se tenir) debout :* sto, as, are, steti, statum

début : *le début de :* employer primus, a, um

décider : státuo, is, ĕre, státui, statútum – constítuo, is, ĕre, -ui, -útum – *décider de :* statúĕre, constitúĕre + INF. – *décider que :* statúĕre, constitúĕre ut + SUBJ. – decérno, is, ĕre, decrévi, decrétum *(de :* + INF. – *que :* ut + SUBJ.)

décret : *attribuer par un décret :* decérno, is, ĕre, -crévi, -crétum

défaut : vítium, -ii, n. – *faire défaut (à) :* desum, -es, -ésse, défui (+ DAT.)

défection : *faire défection à :* defício, is, ĕre, -féci, -féctum + DAT.

défendre : defèndo, is, ĕre, defèndi, defénsum

déjà : jam

delà : *au-delà* (adv.) : ultra – *au-delà de :* ultra, trans + ACC.

délier : solvo, is, ĕre, solvi, solútum

délivrer *(de qque ch.) :* líbero, as, áre (+ ABL.)

demander : peto, is, ĕre, ívi (ii), ítum *(à qqu'un :* a, ab + ABL. – *que, de :* ut + SUBJ.) – rogo, as, áre *(à qqu'un :* + ACC. – *que, de :* ut + SUBJ.) – quaero, is, ĕre, quaesívi, quaesítum *(à qqu'un :* ab + ABL.)

dénuement : inópia, ae, f.

déplacer : móveo, es, ére, movi, motum

depuis : a (ab), e (ex) + ABL. – *il règne depuis trois ans :* quartum jam annum regnat.

dernier (le) : *(de deux) :* postérior, ius – *(de plusieurs) :* postrémus, a, um – extrémus, a, um – novíssimus, a, um

dernièrement : novíssime

déroute (mettre en) : fundo, is, ĕre, fudi, fusum

derrière : post + ACC.

dès que : ut primum – ubi primum + INDIC. – simul ac (atque) + INDIC.

désagréable : ingrátus, a, um

descendants : pósteri, órum, m. pl.

descendre : *faire descendre :* dedúco, is, ĕre, -dúxi, -dúctum

désir : cupíditas, -átis, f.

désirer : cúpio, is, ĕre, ívi (ii), ítum (+ INF. ou PROP. INF.)

désireux (de) : cúpidus, a, um (+ GÉN.)

désorganiser : mísceo, es, ére, míscui, mixtum

désormais : jam

destin : fatum, i, n.

détacher *(de) :* solvo, is, ĕre, solvi, solútum (+ ABL.)

détenir : téneo, es, ére, ténui, tentum

détruire : déleo, es, ére, évi, étum

deux : duo, ae, o – *tous les deux :* utérque, utráque, utrúmque

deuxième : *(de deux) :* alter, era, erum – *(de plusieurs) :* secúndus, a, um

devant : ante + ACC. – pro + ABL.

devenir : fio, fis, fíeri, factus sum

dévoiler : prodo, is, ĕre, pródidi, próditum

① ***devoir*** (verbe) : débeo, es, ére, débui, débitum – pour marquer l'obligation, utiliser l'adjectif verbal

② ***devoir*** (nom) : offícium, -ii, n. – *faire son devoir :* offícium praesto, as, áre, -stiti, -státum

dieu : deus, dei, m. – divus, i, m.

différent : dissímilis, e – *porter de côtés différents :* díffero, -fers, -férre, dístuli, dilátum

différer, être différent *(de) :* díffero, -fers, -férre, dístuli, dilátum (ab + ABL.)

difficile : diffícilis, e

digne *(de) :* dignus, a, um (+ ABL.) – *digne de* + INF. : dignus qui + SUBJ.

dire : dico, is, ĕre, dixi, dictum *(que :* + PROP. INF.) – loquor, eris, loqui, locútus sum (+ ACC.) – áio, ais, ait (défectif) – *dit-il :* inquit, ait (proposition incise) – *dire que... ne... pas :* nego, as, áre + PROP. INF. – *entendre dire (que) :* aúdio, is, íre, ívi (ii), ítum (+ PROP. INF.) – *pour ainsi dire :* tamquam (tanquam)

diriger : gero, is, ĕre, gessi, gestum – admínistro, as, áre – rego, is, ĕre, rexi, rectum – *se diriger (vers) :* peto, is, ĕre, ívi (ii), ítum (+ ACC.) – conténdo, is, ĕre, -téndi, -téntum (ad + ACC.)

discours : orátio, -ónis, f. – *faire un discours :* oratiónem hábeo, es, ére, ui, itum

disette : inópia, ae, f.

disposer : compóno, is, ĕre, -pósui, -pósitum

dispositions *naturelles :* ingénium, -ii, n.

divers : várius, a, um

divin : divus, a, um

divinité : divus, i, m.

diviser : dívido, is, ĕre, divísi, divísum

domination : impérium, -ii, n.

dommage : injúria, ae, f.

don : donum, i, n.

donc : ígitur – ergo

donner : do, das, dare, dedi, datum

dont (pr. relatif) : voir *qui*

dos : tergum, i, n.

douleur : dolor, -óris, m.

douteux : dúbius, a, um

doux : dulcis, e – mollis, e

① ***droit*** (adj.) : dexter, -tra, -trum – *la main droite :* dextra, ae, f.

② ***droit*** (nom.) : jus, juris, n. – *à bon droit :* jure – *droit de cité :* cívitas, -átis, f.

dur : acer, acris, acre – durus, a, um

E

eau : aqua, ae, f. – *cours d'eau :* flumen, -inis, n.

écarter *(de) :* prohíbeo, es, ére, ui, itum (ab + ABL.) – *s'écarter (de) :* discédo, is, ĕre, -céssi, -céssum (ab + ABL.)

écouter : aúdio, is, íre, ívi, ítum

écrire *(que) :* scribo, is, ĕre, scripsi, scriptum (+ PROP. INF.)

édifice : aedifícium, -ii, n.

effet (en) : nam – enim (se place après le 1er mot)

efforcer : *s'efforcer (de) :* conténdo, is, ĕre, -téndi, -téntum (ut + SUBJ.)

effrayer : térreo, es, ére, ui, itum

égal : aequus, a, um – *égal (à) :* par, paris (+ DAT.)

élan : ímpetus, us, m

élever : éffero, effers, efférre, éxtuli, elátum – tollo, is, ĕre, sústuli, sublátum

élire : lego, is, ere, legi, lectum

elle : voir *le, lui*

éloge : laus, laudis, f.

éloigner (s') : ábeo, -is, -íre, -ii, -itum – discédo, is, ĕre, -céssi, -céssum

emmener : dedúco, is, ĕre, -dúxi, -ductum

émissaire : legátus, i, m.

émouvoir : móveo, es, ére, movi, motum

emparer : *s'emparer (de) :* óccupo, as, áre (+ ACC.)

empêchement : impediméntum, i, n.

empêcher *(de, que) :* prohíbeo, es, ére, ui, itum (+ INF., + PROP. INF. – ne + SUBJ.) – impédio, is, íre, ívi (ii), ítum

empereur : princeps, -ipis, m. – imperátor, -óris, m.

empire : impérium, -ii, n.

emporter : rápio, is, ĕre, rápui, raptum – aúfero, aufers, auférre, ábstuli, ablátum (ab, ex + ABL.) – éffero, effers, efférre, éxtuli, elátum (ex + ABL.)

en : A. prép. introduisant : 1. un compl. de lieu : lieu où l'on est : in + ABL. – lieu où l'on va : in + ACC. – 2. introd. un compl. de temps (date) : ABL. – B. adv. de lieu *(= de là) :* inde

enchanter : delécto, as, áre

encore : étiam – *non seulement... mais encore :* non solum (tantum, modo)... sed (verum) étiam – *encore (= jusqu'à présent, jusqu'alors) :* adhuc – *ne pas.. encore :* nondum

endroit : locus, i, m. (pluriel : loca, órum)

endurer : pérfero, -fers, -férre, -tuli, -látum

enfant : (de 7 à 17 ans) : puer, púeri, m. – *les enfants* (fils et filles) : líberi, órum, m. pl.

enfin : tandem – dénique

enflammer : incéndo, is, ĕre, incéndi, incénsum

enfuir (s') : fúgio, is, ĕre, fugi, fúgitum

engager : commítto, is, ĕre, commísi, commíssum

engendrer : gigno, is, ĕre, génui, génitum

enlever : rápio, is, ĕre, rápui, raptum – aúfero, aufers, auférre, ábstuli, ablátum – tollo, is, ĕre, sústuli, sublátum

ennemi *(public) :* hostis, is, m. – *(personnel) :* inimícus, i, m.

énorme : ingens, -ntis

enseigne *(militaire) :* signum, i, n.

enseigner *(qque ch.) :* dóceo, es, ére, dócui, doctum

ensemble : simul – unā – *porter ensemble :* cónfero, -fers, -férre, cóntuli, collátum – *venir ensemble :* convénio, is, íre, -véni, -véntum – *placer ensemble :* compóno, is, ĕre, -pósui, -pósitum

ensuite : deínde – inde

entendre : aúdio, is, íre, ívi(ii), ítum – *entendre dire (que) :* audíre (+ PROP. INF.)

entier : *tout entier :* cunctus, a, um – totus, a, um

entièrement : omníno

entraver : impédio, is, íre, ívi (ii), ítum

entre : inter + ACC. – *entre temps :* intérea, ínterim

entreprendre : instítuo, is, ĕre, -stítui, -stitútum

entrer *(dans) :* íneo, inis, iníre, -ii, -itum

environ : fere

envoyer : mitto, is, ĕre, misi, missum – *envoyer de tous côtés :* dimítto, is, ĕre, -mísi, -míssum

épargner : parco, is, ĕre, pepérci, parsum (+ DAT.)

épée : gládius, -ii, m.

époque : tempus, -oris, n. – aetas, -átis, f.

épouse : conjux, -ugis, f. – uxor, -óris, f. – *prendre pour épouse, épouser :* uxórem duco, is, ĕre, duxi, ductum

épouvanter : pertérreo, es, ére, ui, itum

époux : conjux, -ugis, m

épreuve : labor, -óris, m. – *mettre à l'épreuve :* tento (tempto), as, áre

éprouver : experior, íris, experíri, expértus sum

équiper *(un navire) :* armo, as, áre

errer : erro, as, áre

esclave : servus, i, m.

escorter : dedúco, is, ĕre, -dúxi, -dúctum

espace : spátium, -ii, n.

espacer : intermitto, is, ĕre, -mísi, -míssum

espèce : genus, -eris, n.

espérance, espoir : spes, spei, f.

espérer : spero, as, áre + PROP. INF. à l'infinitif futur

esprit : ánimus, i, m. – mens, mentis, f.
essayer : tento (tempto), as, áre – expérior, íris, experíri, expértus sum
est-ce que... ? : -ne... ? (soudé au 1er mot de la phrase interrogative) – *est-ce que... (par hasard)... ? :* num... ? – *est-ce que... ne... pas... ? :* nonne... ? – *est-ce que... ou :* utrum... an
estimer *(que) :* exístimo, as, áre (+ PROP. INF.)
et : et – ac, atque – -que – *et... et, à la fois... et :* et... et – *et... ne... pas :* nec, neque – *et ne... jamais :* neque unquam – *et aucun... ne :* neque ullus, a, um – *et personne... ne :* nec quisquam – *et rien... ne :* nec quidquam – *l'un et l'autre :* utérque, utráque, utrúmque
établir : státuo, is, ĕre, státui, statútum – instítuo, is, ĕre, instítui, institútum – constítuo, is, ĕre, -ui, -útum – *il est (bien) établi (que) :* (satis) constat, áre, cónstitit (+ PROP. INF.)
étape : iter, itíneris, n.
État : res pública (respública), rei públicae, f.
étendu (être) : jáceo, es, ére, jácui
éternel : perpétuus, a, um
étonner : *s'étonner (de) :* miror, áris, ári, mirátus sum (+ ACC.)
étranger : aliénus, a, um
① **être :** sum, es, esse, fui – *être utile à :* prosum, prodes, prodésse, prófui + DAT.
② **être** *(vivant) :* ánimal, -ális, n.
étudier : disco, is, ĕre, dídici
eux : voir *le, lui*
excepté : nisi – praeter + ACC.
exception : *tous sans exception :* cuncti, ae, a
excessif : nímius, a, um
exemple : exémplum, i, n.
exercer : exérceo, es, ére, ui, itum
exhorter *(à) :* hortor, áris, ári, hortátus sum (ut + SUBJ.)
exister : consto, as, áre, cónstiti
expérience : usus, us, m. – *faire l'expérience (de) :* expérior, iris, íri, expértus sum (+ ACC.)
exploit : fácinus, -oris, n.
expression *(du visage) :* vultus, us, m.
extrémité : *l'extrémité de :* employer últimus, a, um – extrémus, a, um

F

facile : fácilis, e
facilement : fácile
façon : modus, i, m.
faire : fácio, is, ĕre, feci, factum – ago, is, ĕre, egi, actum – gero, is, ĕre, gessi, gestum – *être fait, se faire :* fio, fis, fíeri, factus sum – *faire la guerre (à, contre) :* bellum gérĕre (cum + ABL.) – *faire avancer :* ágĕre – *faire confiance (à) :* credo, is, ĕre, crédidi, créditum (+ DAT.) – *faire un discours :* oratiónem hábeo, es, ére, ui, itum – *faire obstacle (à) :* obsum, -es, -ésse, óbfui – *faire en sorte que, de :* effício, is, ĕre, efféci, efféctum ut + SUBJ.
falloir : *il faut :* 1. employer l'adjectif verbal – 2. opórtet, ére, opórtuit
fameux : *ce fameux :* employer ille, a, ud
famille : gens, gentis, f.
farouche : ferox, -ócis
fatigue : labor, -óris, m.
faute : culpa, ae, f.
faux : falsus, a, um
faveur : grátia, ae, f. – benefícium, -ii, n.
favorable : secúndus, a, um
femme : 1. *épouse :* uxor, -óris, f. – *prendre pour femme :* uxórem duco, is, ĕre, duxi, ductum – 2. *femme* (en général) : fémina, ae, f.
fer, *objet en fer :* ferrum, i, n.
ferme : villa, ae, f.
fermer : claudo, is, ĕre, clausi, clausum
feu : ignis, is, m.
fier : *se fier (à) :* confído, is, ĕre, -físus sum (+ DAT.)
fille : *jeune fille :* puélla, ae, f. – virgo, -inis, f.
fils : fílius, -ii, m.
fin : finis, is, m. – *la fin de :* employer postrémus, a, um – novíssimus, a, um
finalement : dénique
fixé : certus, a, um – *non fixé :* incértus, a, um
fixer : constítuo, is, ĕre, -ui, -útum
flamme : flamma, ae, f.
fleurir, être florissant : flóreo, es, ére, ui
fleuve : flumen, -inis, n.
flotte : classis, is, f.
foi *(bonne) :* fides, fídei, f.
fois : *pour la première fois :* primum – *à la fois... et :* et... et – *toutes les fois que :* ut, ubi, cum + INDIC.
folie furieuse : furor, -óris, m.
fonction : munus, -eris, n. – *en fonction de :* pro + ABL.
fonder : condo, is, ĕre, cóndidi, cónditum
force : vis (défectif – pluriel : vires, vírium), f.
forcer : cogo, is, ĕre, coégi, coáctum
forêt : silva, ae, f.
forfait : fácinus, -oris, n.
forme : forma, ae, f.
fort : válidus, a, um – *être fort :* váleo, es, ére, ui
forte (place) : óppidum, i, n.
fortification : munítio, -ónis, f.
fortifier : múnio, is, íre, ívi (ii), ítum
fortune : *(sort) :* fortúna, ae, f. – *(biens) :* res, rerum, f. pl.
forum : forum, i, n.
fossé : fossa, ae, f.
fougueux : ferox, -ócis
foule : multitúdo, -inis, f. – vulgus, i, n. (acc. vulgus) – *foule désordonnée :* turba, ae, f.
fournir : praésto, as, áre, -stiti, -státum
franchir : tránseo, -is, -íre, -ii, -itum

frère : frater, fratris, m.
front *(du combat) :* ácies, aciéi, f.
frontières : fines, ium, m. pl.
fuir : fúgio, is, ĕre, fugi, fúgitum
fuite : fuga, ae, f.
funérailles : funus, -eris, n.
fureur : furor, -óris, m.

G

gagner *(un lieu) :* peto, is, ĕre, ivi (ii), itum
garant : auctor, -óris, m.
garçon : puer, púeri, m.
garder : téneo, es, ére, ténui, tentum – retíneo, es, ére, -tinui, -téntum – *garder (qque chose) en mémoire, garder le souvenir (de) :* memóriā tenére (+ ACC.) – mémini, meminisse (parfait sans présent) (+ GÉN.)
gardien : custos, -ódis, m.
garnison : praesídium, -ii, n.
Gaule : Gállia, ae, f.
Gaulois : Gallus, i, m.
général : imperátor, -óris, m.
genre : genus, -eris, n.
gens : *jeunes gens :* pluriel de *jeune homme* – *les gens :* vulgus, i, n. (acc. vulgus) – *les gens de bien :* boni, órum, m. pl. – *beaucoup de gens :* multi, órum – *peu de gens :* pauci, órum – *il y a des gens qui :* sunt qui (+ SUBJ.)
gladiateurs : *combat de gladiateurs :* munus, -eris, n.
glaive : gládius, -ii, m.
gloire : glória, ae, f. – laus, laudis, f. – decus, -oris, n.
goût : stúdium, -ii, n.
grâce : *grâce à* (devant un nom de chose) : ABL.
grand : magnus, a, um (major, majus – máximus, a, um) – *très grand, le plus grand :* summus, a, um – suprémus, a, um – *si grand, aussi grand :* tantus, a, um – *aussi grand... que :* tantus, a, um... quantus, a, um – *trop grand :* nímius, a, um
grandeur : magnitúdo, -inis, f. – *de quelle grandeur ? :* quantus, a, um ?
gratifier : dono, as, áre *(qqu'un :* + ACC. – *de qque ch. :* + ABL.)
grave : gravis, e
grec : Graecus, a, um
Grèce : Graécia, ae, f.
guerre : bellum, i, n. – *faire la guerre (à, contre) :* bellum gero, is, ĕre, gessi, gestum (cum + ABL.)
guide : dux, ducis, m.

H

habitude : mos, moris, m. – consuetúdo, -inis, f. – *prendre l'habitude de :* consuésco, is, ĕre, consuévi, consuétum (pf. consuévi : *j'ai l'habitude de)* – *avoir l'habitude (de) :* sóleo, es, ĕre, sólitus sum (+ INF.)
haine : invídia, ae, f. – ódium, -ii, n.
hasard : fortúna, ae, f. – casus, us, m. – *par hasard :* forte
hâter (se) : própero, as, áre – *se hâter (de) :* conténdo, is, ĕre, -téndi, -téntum (+ INF.)
haut : altus, a, um – *le plus haut, très haut :* summus, a, um – *le haut de :* suprémus, a, um ou summus, a, um – *du haut de :* de + ABL.
hauteur : mons, montis, m.
hésiter (à) : dúbito, as, áre (+ INF.)
heure : hora, ae, f.
heureux : beátus, a, um – felix, -ícis
homme : (en général) : homo, -inis, m. – (par opposition à la femme) : vir, viri, m. – *jeune homme* (17 à 30 ans) : aduléscens, -ntis, m. – *jeune homme, homme jeune :* júvenis, is, m. – *homme à :* is qui + SUBJ. – *tout homme qui :* quicúmque, quaecúmque, quodcúmque
honneur : honos, -óris, m. – decus, -oris, n.
honorable : honéstus, a, um
honorer : colo, is, ĕre, cólui, cultum
honteux : turpis, e
hors de : e (ex) + ABL. – *porter hors de :* éffero, effers, efférre, éxtuli, elátum (ex + ABL.)
humain : humánus, a, um
humble : húmilis, e

I

ici : *lieu où l'on est :* hic – *lieu où l'on va :* huc – *d'ici :* hinc – *par ici :* hac
île : ínsula, ae, f.
illustre : clarus, a, um – employer ille, illa, illud
immense : ingens, -ntis
immortel : immortális, e
importance : magnitúdo, -inis, f.
imposer (à) : impóno, is, ĕre, -pósui, -pósitum (+ DAT.)
incendier : incéndo, is, ĕre, incéndi, incénsum
incertain : incértus, a, um
ingrat : ingrátus, a, um
ininterrompu : perpétuus, a, um
injustement : injúriā
injustice : injúria, ae, f.
installer : pono, is, ĕre, pósui, pósitum
instigateur : auctor, -óris, m.
instituer : instítuo, is, ĕre, instítui, institútum
instruire : dóceo, es, ére, dócui, doctum
instruit : doctus, a, um
intact : incólumis, e
intelligence : ingénium, -ii, n. – mens, mentis, f.
intention : mens, mentis, f.
intermédiaire : *par l'intermédiaire de :* per + ACC.
interrompre, mettre dans l'intervalle : intermítto, is, ĕre, -mísi, -míssum
intrépide : ferox, -ócis
irriter (s') : *contre :* iráscor, eris, irásci, irátus sum + DAT.
Italie : Itália, ae, f.

J

jadis : quondam

jalousie : invídia, ae, f.

jamais... ne : nunquam (numquam) – *et jamais... ne :* neque unquam

Janus : Janus, i, m.

jardin : hortus, i, m.

jeter : jácio, is, ĕre, jeci, jactum

jeu public : munus, -eris, n.

jeune : *jeune fille :* puélla, ae, f. – virgo, -inis, f. – *jeune homme* (17 à 30 ans) : aduléscens, -ntis, m. – *jeune homme, homme jeune :* júvenis, is, m. – *le plus jeune (des deux) :* júnior, -óris – *les plus jeunes :* junióres, um – *le plus jeune (de 2) par la naissance :* minor natu

joie : gaúdium, -ii, n.

joindre : jungo, is, ĕre, junxi, junctum

jouer : ludo, is, ĕre, lusi, lusum

jour : dies, diéi, m. – *de jour en jour :* in dies – *un jour :* olim, quondam

joyeux : laetus, a, um

jugement : judícium, -ii, n.

juger *(que) :* exístimo, as, áre (+ PROP. INF.) – júdico, as, áre (+ PROP. INF.)

Jupiter : Júpiter, Jovis, m.

jusqu'à (vers) : usque ad + ACC. – *jusqu'à présent :* adhuc

juste : aequus, a, um

L

la : voir : *le*

là : lieu où l'on est : ibi – lieu où l'on va : eo – *de là :* inde – *par là :* eā – *là-bas :* lieu où l'on est : illic – lieu où l'on va : illuc – *de là-bas :* illinc – *par là-bas :* illac – *être là (= être présent) :* adsum, -es, -ésse, ádfui

laisser : relínquo, is, ĕre, relíqui, relíctum – *laisser de côté, laisser passer :* omítto, is, ĕre, omísi, omíssum

lancer : jácio, is, ĕre, jeci, jactum

langue : sermo, -ónis

larme : lácrima, ae, f.

le, la, les : 1. article défini : ne se traduit pas – 2. pronom personnel 3e p. : formes de **is, ea, id** (non réfléchi) ou de **se** (réfléchi)

léger : levis, e

légion : légio, -ónis, f.

Lépide : Lépidus, i, m.

lequel : 1. pronom interrogatif : quis, quae, quid – 2. pronom relatif : qui, quae, quod

lettre : 1. *(de l'alphabet) :* líttera, ae, f. – 2. *(missive) :* lítterae, árum, f. pl. – *les lettres (littérature) :* lítterae, árum, f. pl.

① **leur :** pron. pers. = *à eux :* voir : *le*

② **leur, leurs :** adj. poss. : 1. non réfléchi : eórum, eárum – 2. réfléchi : suus, a, um

levant : *soleil levant :* sol (solis) óriens (-ntis), m. ou óriens, -ntis, m.

levée *de terre :* agger, -eris, m.

lever : tollo, is, ĕre, sústuli, sublátum – *se lever :* órior, [oríris], oríri, ortus sum

libérer *(de qque ch.) :* líbero, as, áre (+ ABL.)

liberté : libértas, -átis, f.

libre : liber, era, erum

lieu : locus, i, m. – pl. : loca, órum, n.

ligne de bataille : ácies, aciéi, f.

limite : finis, is, m.

lire : lego, is, ĕre, legi, lectum

littérature : lítterae, árum, f. pl.

livre : liber, libri, m.

livrer : trado, is, ĕre, trádidi, tráditum

loi : lex, legis, f.

loin : procul – longe – *loin de :* procul ab+ ABL. – longe ab+ ABL. – *non loin (de) :* haud procul (ab+ ABL.) – *de loin :* longe – *être loin (de) :* absum, -es, -ésse, áfui (ab+ ABL.) – *porter loin (de) :* aúfero, aufers, auférre, ábstuli, ablátum (ab, ex+ ABL.) – *tenir loin (de) :* prohíbeo, es, ére, ui, itum (ab+ ABL.)

loisir : ótium, ii, n.

long : longus, a, um

longtemps : diu (diútius, diutíssime)

lorsque : ubi, ut, cum+ INDIC.

louange : laus, laudis, f.

louer : laudo, as, áre

lourd : gravis, e

loyauté : fides, fídei, f.

lui, eux : voir : *le* – *lui-même :* ipse, ipsa, ipsum

lumière : lux, lucis, f.

M

magistrature : honos, -óris, m.

main : manus, us, f. – *la main droite :* dextra, ae, f.

maintenant : nunc

maintenir : téneo, es, ére, ui, tentum – contíneo, es, ére, -tínui, -téntum

mais : sed – vero (se place après le 1er mot) – autem (se place après le 1er mot) – at – verum – céterum – *non seulement... mais aussi (encore) :* non solum (tantum, modo)... sed (verum) étiam

maison : domus, us, f. – tectum, i, n.

maître : dóminus, i, m.

maîtriser : contíneo, es, ére, -tínui, -téntum

mal : 1. adv. : male (pejus, péssime) – 2. nom : malum, i, n.

maladie : morbus, i, m.

malheur : casus, us, m.

malheureux : miser, -era, -erum

malveillance : invídia, ae, f.

manière : modus, i, m. – rátio, -ónis, f.

manque *de ressources :* inópia, ae, f.

manquer *(à)* : desum, -es, -ésse, défui (+ DAT.) – defício, is, ĕre, -féci, -féctum (+ DAT.) – *manquer à la parole donnée* : fidem fallo, is, ĕre, fefélli, falsum
marche : iter, itíneris, n.
marcher : ámbulo, as, áre
Marcus : Marcus, i, m.
mari : vir, viri, m.
Mars : Mars, Martis, m. – *Champ de Mars* : Campus (i) Mártius (-ii), m.
massacre : caedes, is, f.
massacrer : caedo, is, ĕre, cecídi, caesum
mauvais : *(méchant)* : malus, a, um (pejor, pejus – péssimus, a, um) – *ce mauvais* : employer iste, ista, istud – *mauvais traitement* : injúria, ae, f.
me : voir : *moi*
méchant : malus, a, um (pejor, pejus – péssimus, a, um) – *les méchants* : mali, órum, m. pl.
méditer *(sur)* : cógito, as, áre (de + ABL.)
meilleur, le meilleur : comp. et superl. irrég. de bonus
mêler, mélanger : mísceo, es, ére, míscui, mixtum
même : 1. adv. : étiam – et – *ne pas même* : ne... quidem – 2. loc. conj. : *de même que* : ut, sicut, velut, tamquam (tanquam), quemádmodum + INDIC. – 3. adj. pron. : a) *même, moi-même, toi-même,* etc. : ipse, ipsa, ipsum – b) *le même* : idem, éadem, idem – *le même que* : idem... atque (ac) – 4. *en même temps* : simul – *en même temps que* : unā cum + ABL.
mémoire : memória, ae, f.
mener : gero, is, ĕre, gessi, gestum – dedúco, is, ĕre, -dúxi, -dúctum – ago, is, ĕre, egi, actum – *mener une vie* : vitam ágĕre
mépriser : contémno, is, ĕre, contémpsi, contémptum
mer : mare, is, n.
mère : mater, matris, f. – parens, -ntis, f.
mérite : laus, laudis, f.
message, messager : núntius, -ii, m.
méthode : rátio, -ónis, f.
mettre : *mettre en déroute* : fundo, is, ĕre, fudi, fusum – *mettre au monde* : gigno, is, ĕre, génui, génitum – *mettre dans l'intervalle* : intermítto, is, ĕre, -mísi, -míssum
meurtre : caedes, is, f.
mien (le) : meus, a, um
mieux : mélius – *le mieux* : óptime – *aimer mieux* : malo, mavis, malle, málui
milieu : *qui est au milieu, le milieu de* : médius, a, um
militaire : militáris, e
mille : mille – pl. : mília, mílium, n.
misérable : miser, -era, -erum
mœurs : mores, um, m. pl.
moi : ego – *moi-même* : ipse, ipsa, ipsum – *chez moi* : voir *chez*
moins : minus – *le moins* : mínime – *du moins* : certe
moment : tempus, -oris, n. – *avant le moment où* : ántequam – priúsquam + INDIC.
mon, ma, mes : meus, mea, meum
monde : *mettre au monde* : gigno, is, ĕre, génui, génitum
montagne : mons, montis, m.
montrer : osténdo, is, ĕre, osténdi, osténtum – praesto, as, áre, -stiti, -státum – *se montrer* + attribut : se praebēre + attrib. à l'ACC. (praébeo, es, ére, ui, itum)
mort *(la)* : mors, mortis, f. – *mort violente* : supplícium, -ii, n.
mortel : mortális, e
mot : verbum, i, n.
mou : mollis, e
mourir : péreo, -is, -íre, -ii, -itum – intéreo, -is, -íre, -ii, -itum – mórior, móreris, mori, mórtuus sum (part. futur : moritúrus)
mouvoir : móveo, es, ére, movi, motum
moyen : ars, artis, f. – *au moyen de* : ABL.
multitude : multitúdo, -inis, f.
mur : murus, i, m.

N

naître : nascor, násceris, nasci, natus sum
nation : gens, gentis, f.
nature : natúra, ae, f.
naturel : *dispositions naturelles* : ingénium, ii, n. – *qualités naturelles* : índoles, is, f.
navire : navis, is, f.
ne : 1. *ne... pas* : non – devant un adj. ou un adv. : haud – devant un impératif français (défense) : noli, nolíte + INF. ou ne + SUBJ. – dans le souhait ou le regret : ne – 2. *et... ne... pas* : nec, neque – 3. *ne... plus* : non jam – 4. *ne... pas même* : ne... quidem – 5. *ne... pas encore* : nondum – 6. *si... ne... pas* : nisi – 7. *pour que (afin que)... ne... pas* : ne + SUBJ. – 8. *est-ce que... ne... pas ?* : nonne... ? – 9. *ne... pas vouloir* : nolo, non vis, nolle, nólui – *ne pas savoir* : néscio, is, íre, nescívi (ii), nescítum – *dire que... ne... pas* : nego, as, áre – 10. *ne... jamais, aucun, personne, rien* : voir ces mots
né : natus, a, um
nécessaire : *il est nécessaire de* : necésse est + INF.
négliger : omítto, is, ĕre, -mísi, -míssum
ni... ni : nec (neque)... nec (neque)
noble : nóbilis, e
nom : nomen, -inis, n.
nombre : númerus, i, m. – *en quel nombre ?* quot (invariable) = quam multi, ae, a
nombreux : multi, ae, a (plures, a – plúrimi, ae, a) – *si nombreux* : tot (invar.) = tam multi, ae, a – *aussi nombreux... que* : tot... quot (invar.) – *peu nombreux* : pauci, ae, a
nommer : appéllo, as, áre

non : non – *non loin de :* haud procul ab + ABL.

notable : princeps, -ipis, m.

notre, nôtre (le) : noster, nostra, nostrum – *les nôtres, nos parents, nos amis :* nostri, órum

nous : nos

nouveau : novus, a, um – *à nouveau, de nouveau :* rursus – *porter de nouveau :* réfero, -fers, -férre, rétuli (réttuli), relátum

nouvelle : núntius, -ii, m.

nuire (à) : obsum, -es, -ésse, óbfui (+ DAT.)

nuit : nox, noctis, f.

O

ô : o

objet : res, rei, f. – *objet sacré :* sacrum, i, n. – *objet en fer :* ferrum, i, n.

obliger : cogo, is, ĕre, coégi, coáctum

observer : servo, as, áre, ávi, átum

obstacle : impediméntum, i, n. – *faire obstacle à :* obsum, -es, -ésse, óbfui + DAT.

obtenir *(chercher à) :* peto, is, ĕre, petívi (ii), petítum

occuper : óccupo, as, áre – *s'occuper (de) :* colo, is, ĕre, cólui, cultum – administro, as, áre

Octave : Octávius, -ii, m.

œil : óculus, i, m.

offrir : óffero, offers, offérre, óbtuli, oblátum – praébeo, es, ére, ui, itum

oisiveté : ótium, -ii, n.

ombre : umbra, ae, f.

on : voir l'index grammatical

opinion : senténtia, ae, f.

opposé : divérsus, a, um

opposer : *s'opposer (à) :* obsum, -es, -ésse, óbfui (+ DAT.)

① ***or*** (conj. de coord.) : autem (se place après le 1er mot)

② ***or*** (nom) : aurum, i, n.

ordonner *(que, de) :* júbeo, es, ére, jussi, jussum (+ PROP. INF.) – ímpero, as, áre (ut + SUBJ.)

ordre *(classe sociale, bon ordre, succession) :* ordo, -inis, m. – *mettre en ordre :* compóno, is, ĕre, -pósui, -pósitum

oreille : auris, is, f.

organiser : instítuo, is, ĕre, -stítui, -stitútum

orgueilleux : supérbus, a, um

orient : óriens, -ntis, m.

origine : *tirer son origine :* órior, [íris], oriri, ortus sum

oser : aúdeo, es, ére, ausus sum (+ INF.)

otage : obses, -idis, m.

ou : aut – *ou bien :* vel – *est-ce que (si)... ou :* utrum (-ne)... an

où : lieu où l'on est : ubi – lieu où l'on va : quo – *d'où :* unde – *par où :* quā

outre (en) : praetérea

ouvrage : opus, -eris, n.

ouvrir : apério, is, íre, apérui, apértum

P

paix : pax, pacis, f.

par : 1. introd. un c. de moyen : ABL. – 2. introd. un compl. de verbe passif : ABL. (devant un nom de chose) : a (ab) + ABL. (devant un nom de personne) – 3. introd. un c. de lieu (par où l'on passe) : per + ACC. – (moyen de communication) : ABL. – *par ici, par là, par là-bas, par où :* voir *ici, là, là-bas, où – 4. par l'intermédiaire de :* per + ACC.

paraître : vídeor, éris, vidéri, visus sum

parce que : quod – quia (+ INDIC.) – *parce que dit-il..., dit-on :* quod + SUBJ.

pardonner (à) : ignósco, is, ĕre, ignóvi, ignótum (+ DAT.)

pareil (à) : par, paris (+ DAT.)

parents : *(le père et la mère) :* paréntes, um, m. pl. – *(les proches parents) :* propínqui, órum, m. pl.

parfois : aliquándo

parler : verba fácio, is, ĕre, feci, factum – loquor, eris, loqui, locútus sum

parmi : inter + ACC.

parole : verbum, i, n. – *parole donnée :* fides, ei, f. – *manquer à la parole donnée :* fidem fallo, is, ĕre, fefélli, falsum

part, partie : pars, partis, f. – *de toutes parts :* úndique

partager : dívido, is, ĕre, divísi, divísum

participer (à) : intérsum, -es, -ésse, intérfui (+ DAT.)

partir : cedo, is, ĕre, cessi, cessum – éxeo, -is, -íre, -ii, -itum – proficíscor, eris, proficísci, proféctus sum

partout (de) : úndique

parvenir : pervénio, is, íre, pervéni, pervéntum

pas : passus, us, m.

passer : *passer par (= faire route par) :* iter fácio, is, ĕre, feci, factum – *passer au-delà (de) :* tránseo, -is, -ire, -ii, -itum (+ ACC. ou per + ACC.) – *faire passer au-delà de :* tradúco, is, ĕre, -dúxi, dúctum + ACC. ou trans + ACC. – *passer (sa vie) :* (vitam) ago, is, ĕre, egi, actum

passion : stúdium, -ii, n. – líbido, -inis, f.

patrie : pátria, ae, f.

pauvre : pauper, -eris

payer : solvo, is, ĕre, solvi, solútum

pays : régio, -ónis, f.

peine *(châtiment) :* poena, ae, f. – *à peine, avec peine :* vix

pendant : introd. un compl. de temps (durée) : ACC. ou per + ACC. – *pendant que :* dum + INDIC. – *pendant combien de temps ?* quámdiu ?

pénible : gravis, e

penser *(que) :* puto, as, áre (+ PROP. INF.) – *penser à :* cógito, as, áre de + ABL.

pensée : mens, -ntis, f.
perdre : amítto, is, ĕre, amísi, amíssum – *perdre (faire une perte, causer la perte de) :* perdo, is, ĕre, -didi, -ditum
père : pater, patris, m. – parens, -ntis, m.
péril : perículum, i, n.
périr : intéreo, -is, -íre, -ii, -itum – péreo, -is, -íre, -ii, -itum
permettre : permítto, is, ĕre, -mísi, -míssum – pátior, eris, pati, passus sum – *il est permis :* licet, ére, lícuit
personne... ne : nemo – *et personne... ne :* nec (neque) quisquam – *en personne, personnellement :* ipse, ipsa, ipsum
persuader *(quelqu'un) :* persuádeo, es, ére, persuási, persuásum (+ DAT.) – *de :* ut + SUBJ.
perte : *causer la perte, faire une perte :* perdo, is, ĕre, -didi, -ditum
petit : parvus, a, um (minor, us – mínimus, a, um)
peu : *un peu :* paulo (+ comparatif, ante, post) ; paulum (autres emplois) – *trop peu :* parum – *très peu :* mínime – *à peu près :* fere – *peu nombreux, peu de :* pauci, ae, a
peuple : pópulus, i, m. – gens, gentis, f.
peur : voir *crainte* – *de peur que... ne :* ne + SUBJ.
pied : pes, pedis, m.
pire, le pire : comp. et superl. irrég. de malus
place : locus, i, m. – *place forte :* óppidum, i, n. – *place publique :* forum, i, n. – *à la place de :* pro + ABL.
placer : pono, is, ĕre, pósui, pósitum – cólloco, as, áre – státuo, is, ĕre, státui, statútum – *placer dans, sur :* impóno, is, ĕre, -pósui, -pósitum (in + ACC. ou ABL., parfois DATIF) – *placer ensemble :* compóno, is, ĕre, -pósui, -pósitum
plaindre : *se plaindre de :* queror, eris, queri, questus sum + ACC.
plaine : campus, i, m.
plaire (à) : delécto, as, áre (+ ACC.) – pláceo, es, ére, ui (+ DAT.) – juvo, as, áre, juvi, jutum (+ ACC.) – *il me plaît :* me juvat
plaisir : volúptas, -átis, f.
plan : consílium, -ii, n.
plat : aequus, a, um
plèbe : plebs, plebis, f.
plein (de) : plenus, a, um (+ GÉN.)
plupart : *la plupart de :* pleríque, pleraéque, pleráque
plus : devant un adj. ou un adv. : comparatif de l'adj. ou de l'adv. – modifiant un verbe : magis – *plus de :* ámplius – *le plus :* devant un adj. ou un adv. : superlatif de l'adj. ou de l'adv. - máxime – *le plus possible :* quam + SUPERLATIF – *ne... plus :* non jam – *de plus :* praetérea – *en plus de :* praeter + ACC.
plutôt *(que) :* pótius (quam)
point : *à tel point que :* ádeo, ita, sic... ut + SUBJ. – *au point du jour :* primā luce
pointe : ácies, aciéi, f.
poitrine : pectus, -oris, n.
politique : *vie politique :* res pública (respública), rei públicae, f. – *changement politique :* res novae, rerum novárum
pont : pons, pontis, m.
porte : porta, ae, f.
porter : fero, fers, ferre, tuli, latum – *porter au-devant de :* óffero, offers, offérre, óbtuli, oblátum (+ DAT.) – *porter dans, contre :* ínfero, infers, inférre, íntuli, illátum (+ DAT. ou in + ACC.) – *porter de côtés différents :* díffero, differs, differre, dístuli, dilátum – *porter de nouveau :* réfero, refers, reférre, rétuli (réttuli), relátum – *porter ensemble :* cónfero, confers, conférre, cóntuli, collátum – *porter hors de :* éffero, effers, efférre, éxtuli, elátum (ex + ABL.) – *porter jusqu'au bout :* pérfero, perfers, perférre, pértuli, perlátum – *porter loin de :* aúfero, aufers, auférre, ábstuli, ablátum (ab, ex + ABL.) – *porter vers :* áffero, affers, afférre, áttuli, allátum (+ DAT. ou ad + ACC.) – *se bien porter, être bien portant :* váleo, es, ére, válui
poser : pono, is, ĕre, pósui, pósitum
possibilité : potéstas, -átis, f.
possible : *le plus... possible :* quam + superlatif
postérité : pósteri, órum
pour : 1. introd. un C.O.S. : DATIF – 2. = *en faveur de :* pro + ABL. – 3. introd. un compl. de but : ad + ACC. ou causā précédé du GÉN. – *pour* + INF., *pour que :* ut + SUBJ. (négation **ne**) – après un verbe de mouvement : SUPIN
pourquoi... ? cur... ? – quare... ? – *c'est pourquoi :* ítaque – quare – ídeo
poursuivre : sequor, eris, sequi, secútus sum
pourtant : tamen
pourvu que *(ne... pas) :* útinam (ne) + SUBJ. présent
pousser : pello, is, ĕre, pépuli, pulsum
① ***pouvoir*** (verbe) : possum, potes, posse, pótui
② ***pouvoir*** (nom) : impérium, -ii, n. – (*ops), opis, f. – potéstas, -átis, f.
pratiquer : colo, is, ĕre, cólui, cultum
précédent : prior, ius
préférer : malo, mavis, malle, málui
premier : primus, a, um – *le premier (de deux) :* prior, ius *premier citoyen :* princeps, -cipis, m. – *pour la première fois :* primum
prendre : cápio, is, ĕre, cepi, captum – *prendre l'habitude de :* consuésco, is, ĕre, -suévi, -suétum – *prendre soin que, de :* curo, as, áre ut + SUBJ.
préparer : paro, as, áre – cómparo, as, áre
près : prope (própius, próxime) – *près de :* apud + ACC. –

prope + ACC. – *à peu près :* fere – *être près (de) :* adsum, -es, -ésse, ádfui (+ DAT.) – *serrer de près :* premo, is, ĕre, pressi, pressum

présent : *être présent :* adsum, -es, -ésse, ádfui – *jusqu'à présent :* adhuc

présenter : óffero, offers, offérre, óbtuli, oblátum – praébeo, es, ére, ui, itum

préserver : servo, as, áre

présider *(à) :* praesum, -es, -ésse, praéfui (+ DAT.)

presque : fere

presser : premo, is, ĕre, pressi, pressum

prestige : auctóritas, -átis, f.

prétexte : *sous (le) prétexte que :* quod + SUBJ.

prévoyant : prudens, -ntis

prier *(que, de) :* oro, as, áre (ut + SUBJ.)

prières : preces, um, f. pl.

prince : princeps, -ipis, m.

prisonnier : captívus, i, m.

prix : prétium, -ii, n.

proche : propínquus, a, um (própior, ius – próximus, a, um) – *les proches (parents) :* propínqui, órum, m. pl.

procurer : cómparo, as, áre

produire : gigno, is, ĕre, génui, génitum – *se produire :* fio, fis, fíeri, factus sum

profond : altus, a, um

proie : praeda, ae, f.

projet : consílium, -ii, n.

promener (se) : ámbulo, as, áre

promettre : promítto, is, ĕre, -mísi, -míssum

propre *(à) :* idóneus, a, um (+ DAT. ou ad + ACC.)

protection : praesídium, -ii, n. – fídes, fídei, f.

protégé : tutus, a, um

protéger : múnio, is, íre, ívi (ii), ítum – *protéger (contre) :* tego, is, ĕre, texi, tectum (ab + ABL.) – túeor, tuéris, tuéri, túitus sum (ab + ABL.)

province : província, ae, f.

provoquer *(un sentiment) :* móveo, es, ére, movi, motum

prudent : prudens, -ntis

public : públicus, a, um – *les affaires publiques :* respública, reipúblicae, f. – *place publique :* forum, i, n. – *jeu public :* munus, -eris, n.

puis : deínde – post

puissance : potéstas, -átis, f. – opes, um, f. pl.

puissant : potens, -ntis

puisque : quóniam + INDIC. – cum + SUBJ.

puni (être) : poenas do, das, dare, dedi, datum

Q

qualités naturelles : índoles, is, f.

quand : 1. conj. de sub. = *lorsque :* cum, ubi, ut + INDIC. - 2. *quand ?* (adv. interrog.) = *à quel moment :* quando ?

quant à : autem (se place après le 1er mot) – vero (se place après le 1er mot)

quantité : cópia, ae, f.

que : voir l'index grammatical

quel : adj. interrog. : qui, quae, quod – *quelle sorte de :* qualis, e – *de quelle grandeur :* quantus, a, um – *en quel nombre :* quot (invariable) = quam multi

quelque : adj. indéf. : áliqui(s), áliqua, áliquod – qui, quae, quod (après si, nisi, ne, num) – *quelque* (+ adj. ou adv.) *que + SUBJ. :* quamvis (+ adj. ou adv.) + SUBJ.

quelqu'un, quelque chose : pron. indéf. : áliquis, áliqua, áliquid – quis, quae, quid (après si, nisi, ne, num) – quidam, quaedam, quiddam – *quelques-uns :* nonnúlli, ae, a

quelquefois : aliquándo

qui : 1. pronom interrogatif : quis, quae, quid – 2. pronom relatif : qui, quae, quod – *tout homme qui, tous ceux qui, tout ce qui :* quicúmque, quaecúmque, quodcúmque

quiconque : quicúmque

quitter : relínquo, is, ĕre, relíqui, relíctum

quoique : quanquam, etsi + INDIC. – cum + SUBJ.

R

raison : rátio, -ónis, f. – *(= cause, motif) :* causa, ae, f. – *pour cette raison :* propterea

rançon : prétium, -ii, n.

rang : ordo, -inis, m. – locus, i, m.

rapide : celer, céleris, célere

rapidement : celériter

rapidité : celéritas, -átis

rapport : *faire un rapport (sur) :* réfero, refers, reférre, rétuli (réttuli), relátum (de + ABL.)

rapporter : trado, is, ĕre, trádidi, tráditum *(que :* + PROP. INF.) – fero, fers, ferre, tuli, latum – réfero, refers, reférre, rétuli (réttuli), relátum

rassembler (se) : convénio, is, íre, -véni, -véntum

réaliser : effício, is, ĕre, -féci, -féctum

récemment, *tout récemment :* novíssime

recevoir : accípio (excípio, recípio), is, ĕre, -cépi, -céptum

rechercher : peto, is, ĕre, ívi (ii), ítum

réclamer *(à) :* posco, is, ĕre, popósci (ab + ABL.)

récompense : praémium, -ii, n.

reconnaissance : grátia, ae, f. – *témoigner de la reconnaissance :* grátias ago, is, ĕre, egi, actum (+ DAT.)

reconnaissant : gratus, a, um

reddition : dedítio, -ónis, f.

redouter : métuo, is, ĕre, ui

réfléchir *(sur) :* cógito, as, áre (de + ABL.)

refuser : nego, as, áre + PROP. INF.

regard : *vivacité du regard :* ácies, aciéi, f.

regarder : adspício (conspício), is, ĕre, -spéxi, -spéctum – specto, as, áre

région : régio, ónis, f.
régler : administro, as, áre
règne : regnum, i, n.
réjouir : juvo, as, áre – *se réjouir (de) :* gaúdeo, es, ére, gavísus sum (+ ABL.)
religieux : *cérémonie religieuse :* sacrum, i, n.
remarquable : egrégius, a, um
remarquer : animadvérto, is, ĕre, -vérti, -vérsum
remblai : agger, -eris, m.
remercier : grátias ago, is, ĕre, egi, actum (+ DAT.)
remettre *(à plus tard) :* díffero, differs, differre, dístuli, dilátum
rencontre : *venir à la rencontre (de) :* occúrro, is, ĕre, -cúrri, -cúrsum (+ DAT.)
rendre : reddo, is, ĕre, réddidi, rédditum – *se rendre compte (que) :* intéllego, is, ĕre, intelléxi, intelléctum (+ PROP. INF.)
renom : nomen, -inis, n.
renommée : fama, ae, f.
renvoyer : dimítto, is, ĕre, -mísi, -míssum
répandre : fundo, is, ĕre, fudi, fusum – *répandre (une nouvelle) :* pérfero, perfers, perférre, pértuli, perlátum
répartir : dívido, is, ĕre, divísi, divisum
replier (se) : se recipĕre (recípio, is, ĕre, -cépi, -céptum)
répondre *(que) :* respóndeo, es, ére, respóndi, respónsum (+ PROP. INF.)
reporter : réfero, refers, reférre, rétuli (réttuli), relátum
repos : quies, quiétis, f.
repousser : pello, is, ĕre, pépuli, pulsum
reprendre : recípio, is, ĕre, -cépi, -céptum
représentant : legátus, i, m.
réprimer : contíneo, es, ére, -tínui, -téntum
réputation : fama, ae, f.
résister *(à) :* resísto, is, ĕre, réstiti (+ DAT.) – sustíneo, es, ére, -tínui, -téntum (+ ACC.)
résolution : consílium, -ii, n.
respecter : véreor, éris, veréri, véritus sum
ressources : opes, um, f. pl. – *manque de ressources :* inópia, ae, f.
restant, reste (le) : réliquus, a, um
rester : máneo, es, ére, mansi, mansum
retard : mora, ae, f.
retenir : téneo, es, ére, ténui, tentum – retíneo, es, ére, -tínui, -téntum
retirer : excípio ou recípio, is, ĕre, -cépi, -céptum – *se retirer :* se recipĕre – cedo, is, ĕre, cessi, cessum
retranchement : munítio, -ónis, f.
réunir : jungo (conjúngo), is, ĕre, junxi, junctum – *(rassembler) :* cogo, is, ĕre, coégi, coáctum – *réunir (à) :* confero, confers, conférre, cóntuli, collátum (cum + ABL.)
réussir : procédo, is, ĕre, -céssi, -céssum
revenir : rédeo, -is, -íre, -ii, -itum
révolution : res novae, rerum novárum, f. pl.
riche : dives, dívitis
richesses : opes, um, f. pl. divítiae, árum, f. pl.
rien... ne : nihil – *et rien... ne :* nec quidquam (quicquam)
rivage : litus, -oris, n.
rivière : flumen, -inis, n.
robuste : válidus, a, um
rocher : saxum, i, n.
roi : rex, regis, m. – *de roi :* régius, a, um
romain : Románus, a, um – *les Romains :* Románi, órum, m. pl.
Rome : Roma, ae, f. – Urbs, Urbis, f.
rose : rosa, ae, f.
route : via, ae, f. – *faire route :* iter fácio, is, ĕre, feci, factum
royal : régius, a, um
royaume, royauté : regnum, i, n.
rue : via, ae, f.

S

sacré : sacer, sacra, sacrum – *objet sacré :* sacrum, i, n.
sacrifice : sacrum, i, n.
sage : sapiens, -ntis, m.
sagesse : sapiéntia, ae, f.
sain et sauf : incólumis, e
salut, salutation : salus, -útis, f.
sang : sanguis, -inis, m.
sans : sine + ABL.
sauf : 1. = *excepté :* nísi – praeter + ACC. – 2. adj. : voir *sain – vie sauve :* salus, -útis, f.
sauvage (bête) : fera, ae, f.
sauver : servo, as, áre
savant : doctus, a, um
savoir *(que) :* scio, is, ire, scivi, scitum (+ PROP. INF.) – novi, novísse ; cognóvi, cognovísse, pf. de nosco, cognósco (+ PROP. INF.) – *ne pas savoir :* néscio, is, íre, nescívi (ii), nescítum
science : ars, artis, f.
se : se
secours : auxílium, -ii, n. (*ops), opis, f. – *apporter du secours à qqu'un :* esse auxílio álicui
sécurité (en) : tutus, a, um
séjour : sedes, is, f.
semblable *(à) :* símilis, e (+ DAT.)
sembler : vídeor, éris, vidéri, visus sum
sénat : senátus, us, m.
sénateurs : Patres, um, m. pl.
sens : *tourné en sens contraire :* divérsus, a, um
sentence : senténtia, ae, f.
sentiment : afféctus, us, m.
sentir : séntio, is, íre, sensi, sensum
séparer *(de) :* divído, is, ĕre, divísi, divísum (+ ABL.) – *se séparer (de) :* discédo, is, ĕre, -céssi, -céssum (ab + ABL.)
serrer *(de près) :* premo, is, ĕre, pressi, pressum
service : benefícium, -ii, n. – *service rendu :* offícium, -ii, n.

servir : *se servir de :* utor, eris, uti, usus sum (+ ABL.)
seul : solus, a, um – *un seul :* unus, a, um
seulement : solum – tantum – modo – *non seulement... mais encore (aussi) :* non solum (tantum, modo) ...sed (verum) étiam – *si seulement :* útinam + SUBJ. (impf., pl. - q. - pf.)
si : 1. conj. de sub. : si – *si... ne... pas, si ce n'est :* nisi – 2. introd. une interr. ind. : -ne, num + SUBJ. – *si... ou si :* utrum... an + SUBJ. – 3. adv. *(= tellement) :* tam – *si grand :* tantus, a, um – *si nombreux :* tot (indécl.) = tam multi, ae, a – *si seulement :* voir *seulement*
siège : sedes, is, f. – *siège d'une ville :* oppugnátio, -ónis, f.
sien (le), sienne (la) (réfléchi) : suus, a, um
signal, signe : signum, i, n.
situation : condício, -ónis, f.
social : *condition sociale :* locus, i, m.
sœur : soror, -óris, f.
soi : se
soigner : curo, as, áre
soin : cura, ae, f. – *prendre soin que, de :* curáre ut + SUBJ.
soit que... soit que : sive... sive (seu... seu) + INDIC.
sol : humus, i, f.
soldat : miles, -itis, m. – *soldat en armes :* armátus, i, m.
soleil : sol, solis, m. – *soleil levant :* sol óriens ou óriens, -ntis, m.
sommeil : somnus, i, m.
son, sa, ses : 1. non réfléchi : ejus – 2. réfl. : suus, a, um
sort : fortúna, ae, f.
sorte : genus, -eris, n. – *faire en sorte que, de :* effício, is, ĕre, -féci, -féctum ut + SUBJ. – *de telle sorte... que :* ita, sic... ut + SUBJ.
sortie : erúptio, -ónis, f.
sortir : éxeo, -is, -íre, -ii, -itum – *faire sortir :* edúco, is, ĕre, -dúxi, -dúctum
souci : cura, ae, f.
souffle : ánima, ae, f.
souffrir : pátior, eris, pati, passus sum
souhait : votum, i, n.
souhaiter *(que, de) :* opto, as, áre (ut + SUBJ.)
soulever : tollo, is, ĕre, sústuli, sublátum
sous : (lieu où l'on est) : sub + ABL. – (lieu où l'on va) : sub + ACC. – *aller sous :* súbeo, -is, -íre, -ii, -itum
soutenir : sustíneo, es, ére, -tínui, -téntum
souvenir : memória, ae, f. – *garder le souvenir (de), se souvenir (de) :* memóriā téneo, es, ére, ténui, tentum (+ ACC.) – mémini, meminísse (parfait sans présent) (+ GÉN.)
souvent : saepe (saépius, saepíssime)
statue : signum, i, n.
subir : súbeo, -is, -íre, -ii, -itum
subsister : supérsum, -es, -ésse, supérfui
suivre : sequor, eris, sequi, secútus sum
sujet : *au sujet de :* de + ABL.
supérieur : supérior, ius
supplice : supplícium, -ii, n.
supporter : fero, fers, ferre, tuli, latum – pérfero, perfers, perférre, pértuli, perlátum – pátior, eris, pati, passus sum
supprimer : tollo, is, ĕre, sústuli, sublátum
suprême : summus, a, um – suprémus, a, um
sur : lieu où l'on est : in + ABL. – où l'on va : in + ACC. – *un sur dix :* décimus quisque – *sur-le-champ :* statim
sûr : *(= protégé) :* tutus, a, um – *(= certain) :* certus, a, um – *peu sûr :* incértus, a, um – *bien sûr :* quidem
surnom : cognómen, -inis, n.
surpasser : súpero, as, áre
surtout : máxime
survenir (pour un événement) : áccido, is, ĕre, áccidi
survivre *(à) :* supérsum, -es, -ésse, supérfui (+ DAT.)
sympathie : stúdium, -ii, n.

T

talent : ingénium, -ii, n.
tant : *tant de :* tot (= tam multi) – *tant que :* dum + INDIC.
te : voir : *toi*
tel : talis, e – *tel... que :* a) comparaison : talis, e... qualis, e – b) conséquence : talis, e... (is, ea, id)... ut + SUBJ. – *à tel point... que :* ádeo... ut + SUBJ. – *de telle sorte... que :* ita, sic... ut + SUBJ.
tellement : devant un adj. : tam – devant un verbe : tantum
témoigner *de la reconnaissance (à) :* grátias ago, is, ĕre, egi, actum (+ DAT.)
temple : templum, i, n.
temps : tempus, -oris, n. – *pendant combien de temps ?* quámdiu ? – *en même temps que :* unā cum + ABL. – *entre temps, pendant ce temps :* intérea, ínterim
① ***tendre*** (adj.) : mollis, e
② ***tendre*** *(vers) :* conténdo, is, ĕre, téndi, téntum
tenir : téneo, es, ére, ténui, tentum – *tenir fermement :* contíneo, es, ére, -tínui, -téntum – *tenir compte de :* ratiónem hábeo, es, ére, ui, itum + GÉN. – *tenir loin (de) :* prohíbeo, es, ére, ui, itum (ab + ABL.) – *se tenir debout :* sto, stas, stare, steti, statum
tenter : tento (tempto), as, áre
terrasse : agger, -eris, m.
terre : terra, ae, f. – humus, i, f. – tellus, -úris, f. (poétique) – *ensemble de la terre :* orbis (is) terrárum, m. – *par terre* (lieu où l'on est) : humi – *levée de terre :* agger, -eris, m.
terrifier : pertérreo, es, ére, -térrui, -términ
territoire : ager, agri, m. – fines, ium, m. pl.
tête : caput, -itis, n.
tien (le) : tuus, a, um

tirer : traho, is, ĕre, traxi, tractum

tissu : vestis, is, f.

toi : tu – *toi-même :* ipse, a, um – *chez toi :* voir *chez*

toit : tectum, i, n.

tomber : cado, is, ĕre, cécidi, casum

ton, ta, tes : tuus, a, um

tordre, torturer : tórqueo, es, ére, torsi, tortum

tort : injúria, ae, f.

toucher : contíngo, is, ĕre, -tigi, -táctum – *toucher à :* pertíneo, es, ére, -tínui, -téntum ad + ACC.

toujours : semper

tourner : verto, is, ĕre, verti, versum – *tourné en sens contraire :* divérsus, a, um

tout : omnis, e – *(tout entier) :* cunctus, a, um – totus, a, um – *tous sans exception :* cuncti, ae, a – *tous les autres :* céteri, ae, a – *tous les deux :* utérque, utráque, utrúmque – *tous les plus... :* superlatif + quisque – *tout homme qui, tout ce qui :* quicúmque, quodcúmque – *de toutes parts :* úndique – *en tout et pour tout :* omníno – *en tout cas :* certe

traîner : traho, is, ĕre, traxi, tractum

trait : telum, i, n.

traitement *(mauvais) :* injúria, ae, f.

trajet : iter, itíneris, n.

transmettre : trado, is, ĕre, trádidi, tráditum

travail : labor, -óris, m.

travers (à) : per + ACC.

traverser : tránseo, -is, -íre, -ii, -itum

très : superlatif de l'adjectif ou de l'adv. – máxime – *très peu :* mínime

tribun : tribúnus, i, m.

triste : tristis, e

trois : tres, tria

tromper (se) : erro, as, áre

trop : comparatif de l'adjectif ou de l'adv. – *trop peu :* parum – *trop grand :* nímius, a, um

troubler : pertúrbo, as, áre

troupe : manus, us, f. – *troupe en marche :* agmen, -inis, n. – *troupes :* cópiae, árum, f. pl.

trouver : invénio, is, íre, invéni, invéntum – repério, is, íre, réperi (répperi), repértum

tuer : interfício, is, ĕre, interféci, interféctum – occído, is, ĕre, occídi, occísum

U

un, une : 1. article indéfini : ne se traduit pas – 2. adj. numéral : unus, a, um *(un seul)* – 3. *l'un des deux :* alter, áltera, álterum – *l'un... l'autre :* alter... alter – *l'un... un autre... un autre :* álius... álius... álius – *l'un et l'autre :* utérque, utráque, utrúmque

unir : jungo (conjúngo), is, ĕre, junxi, junctum

usage : usus, us, m.

utile : *être utile à qqu'un :* prosum, prodes, prodésse, prófui + DAT. – esse úsui álicui

utiliser : utor, eris, uti, usus sum + ABL.

utilité : usus, us, m.

V

vaincre : vinco, is, ĕre, vici, victum – súpero, as, áre

vainqueur : victor, -óris, m.

vanter : jacto, as, áre

varié : várius, a, um

veille : vigília, ae, f.

venir : vénio, is, íre, veni, ventum – *venir ensemble :* convénio, is, íre, -véni, -véntum – *venir à la rencontre (de) :* occúrro, is, ĕre, -cúrri, -cúrsum (+ DAT.)

Vercingétorix : Vercingétorix, -igis, m.

vers : ad + ACC. – *se diriger vers :* peto, is, ĕre, ívi (ii), ítum (+ ACC.)

verser : fundo, is, ĕre, fudi, fusum

vertu : virtus, -útis, f.

vêtement(s) : vestis, is, f.

vice : vítium, -ii, n.

victoire : victória, ae, f.

victorieux : victor, -óris, m.

vie : vita, ae, f. – aetas, -átis, f. – *mener une vie, passer sa vie :* vitam ago, is, ĕre, egi, actum – *vie politique :* respública (res pública), reipúblicae – *vie sauve :* salus, -útis, f.

vieillard : senex, senis, m.

vierge : virgo, -inis, f.

vieux : vetus, véteris

vif : acer, acris, acre

village : vicus, i, m.

ville : urbs, urbis, f.

vin : vinum, i, n.

violence : vis (défectif), f.

visage : vultus, us, m. – os, oris, n.

vivacité *(du regard) :* ácies, aciéi, f.

vivant : *un être vivant :* ánimal, -ális, n.

vivre : vivo, is, ĕre, vixi, victum

vœu : votum, i, n.

voie : via, ae, f.

voir : vídeo, es, ére, vidi, visum – adspício (conspício), is, ĕre, -spéxi, -spéctum

voisin : finítimus, a, um

voix : vox, vocis, f.

volonté : volúntas, -átis, f.

votre, le vôtre : vester, vestra, vestrum

vouloir : volo, vis, velle, vólui – *ne pas vouloir :* nolo, non vis, nolle, nólui

vous : vos

vue : *en vue de :* causā précédé du GÉN.

Y

y : (lieu où l'on est) : ibi – (lieu où l'on va) : eo – (lieu par où l'on passe) : eā – *il y a :* employer le verbe sum – *il y a des gens qui :* sunt qui + SUBJ.

Les pages 21 à 28 constituent un cahier détachable

INVITATION AU LATIN

Grilles de jeux

Les grilles de jeux sont les reproductions de celles qui figurent dans votre manuel *Invitation au latin* 3ᵉ. Elles vous permettront d'éviter d'écrire sur votre livre. Elles constituent un cahier détachable.

p. 15

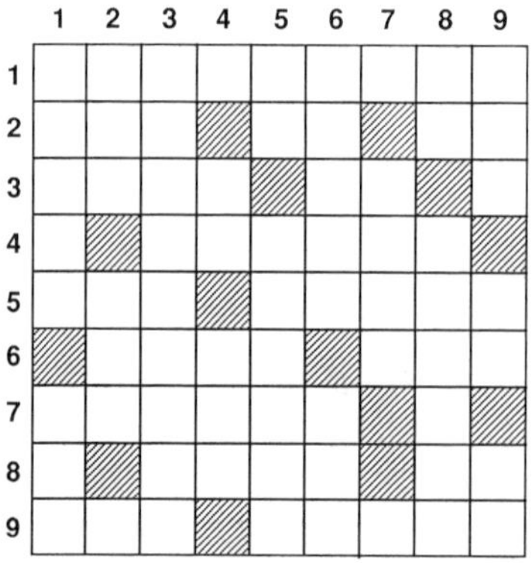

p. 38

ANI		UNT
CAS		DIS
DIG		TER
VES		HIS
FOR		PUS
FRA		RAS
MUN		TIS
PAU		IBO
SUA		RUM
HUM		MUS

p. 21

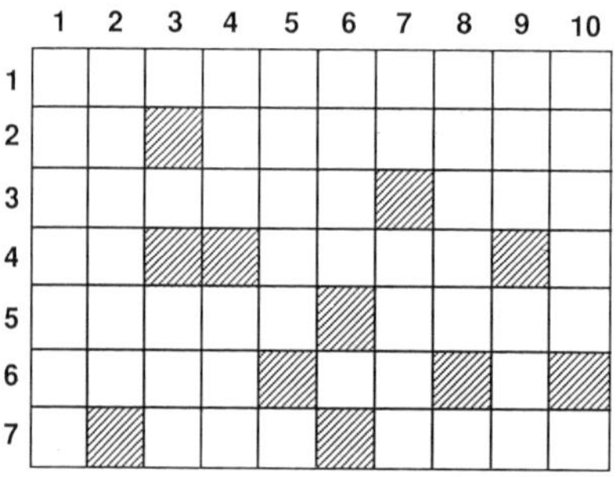

p. 29

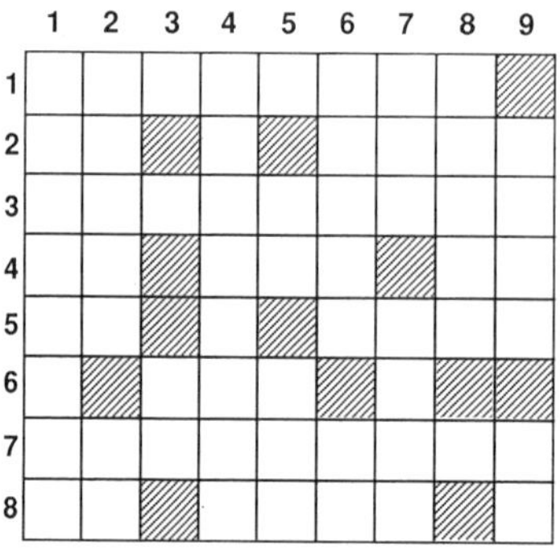

p. 38

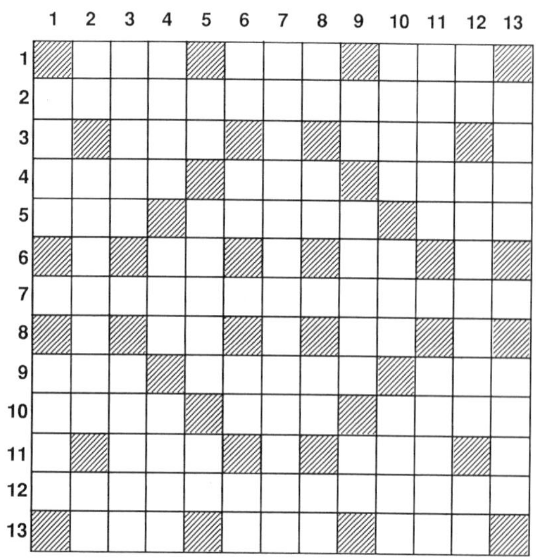

p. 44

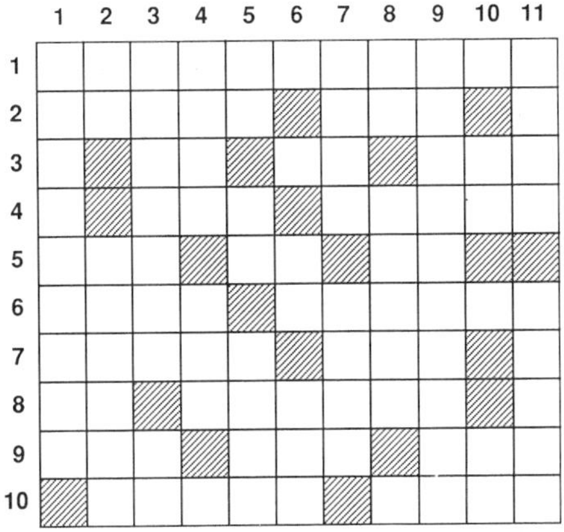

p. 68 (1)

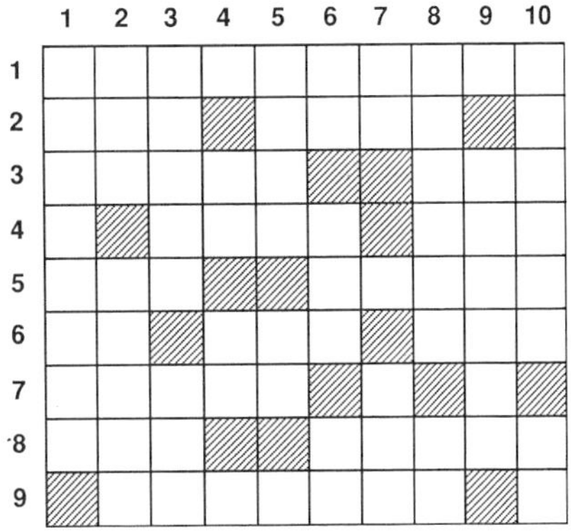

p. 50

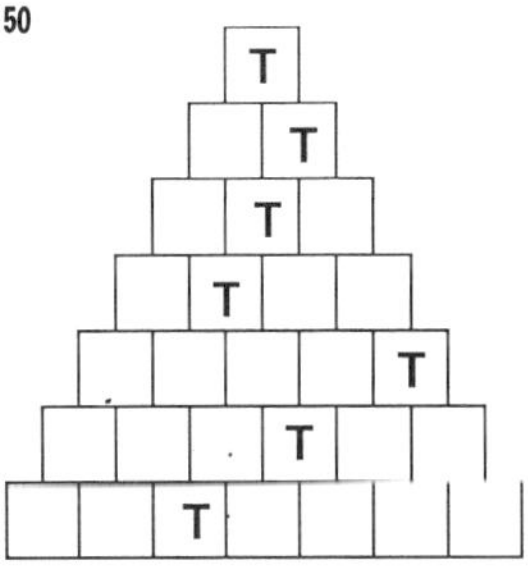

p. 68 (2)

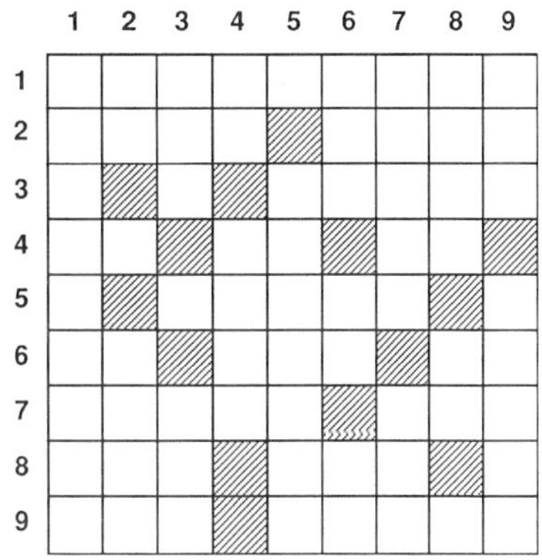

p. 56

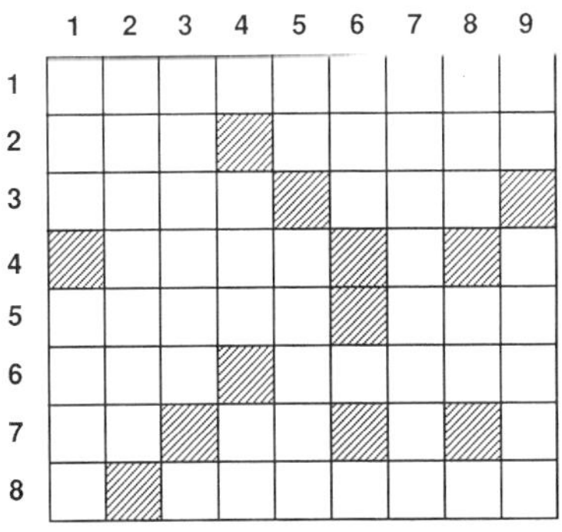

p. 68

p. 74

	E	I
E		S
S	E	

S		I
E	N	T
M	E	A

A		A
N	E	
T	A	N

R	E	S
	S	I
E	N	T

R	E	T
E	R	A
S	I	M

R	T	E
E	S	S
T	I	

I	T	E
S	I	N
T	S	

	I	I
E		S
R	E	

I	N	E
T	I	S
	S	T

p. 80

C	A	E				C	A	T
C	E	L				M	U	S
D	E	X				G	U	M
F	A	L				M	U	S
F	O	S				V	U	S
F	U	N				P	I	O
L	I	T				M	U	S
S	E	M				E	A	M
S	I	G				E	R	O
R	E	D				I	N	T

p. 86

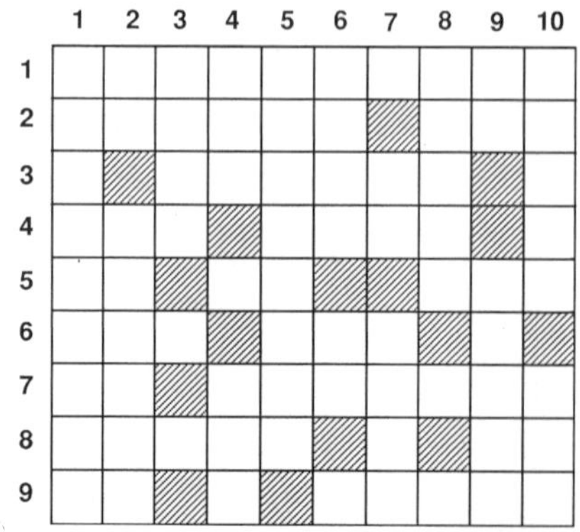

p. 98 (1)

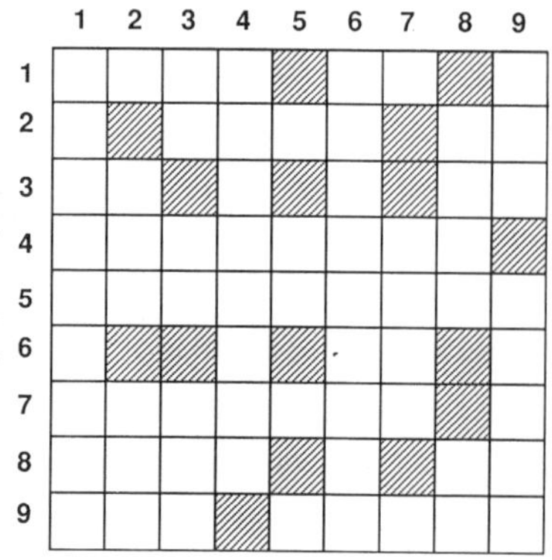

p. 98 (2)

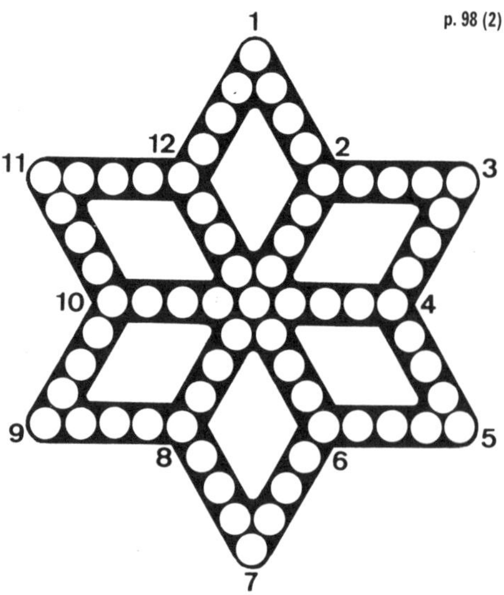

p. 98 (3)

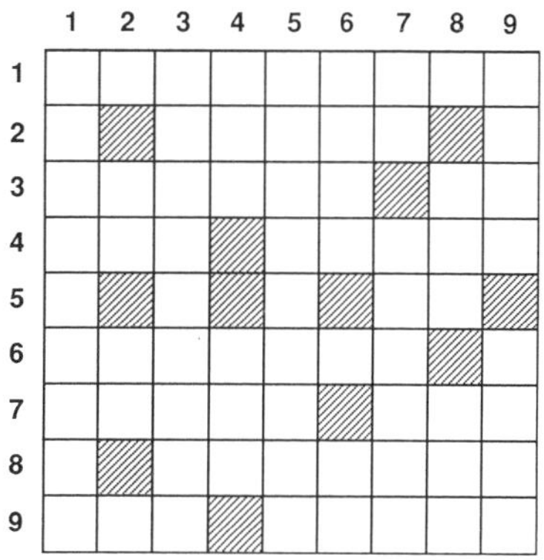

p. 116

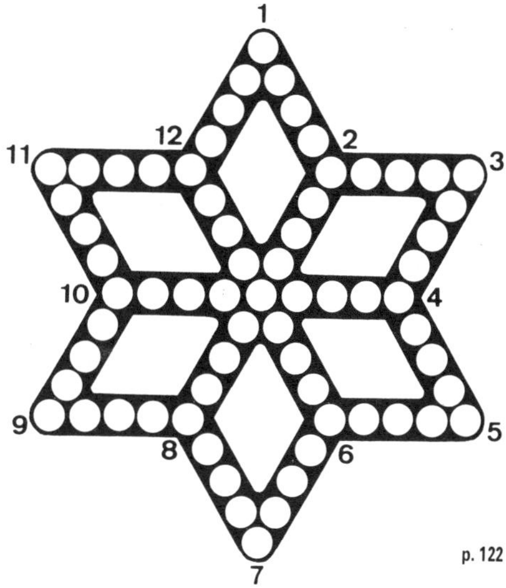

p. 104

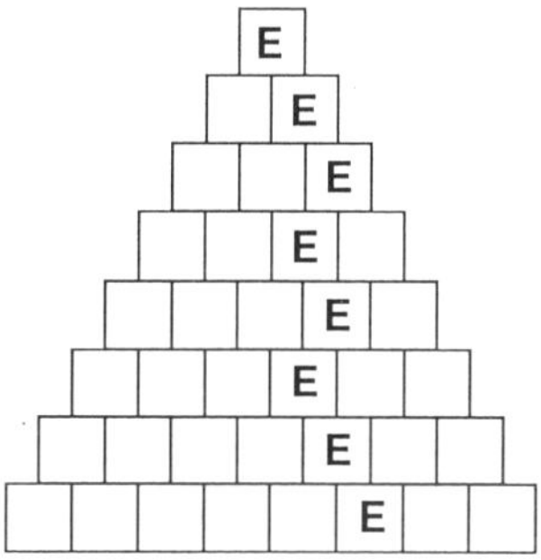

p. 122

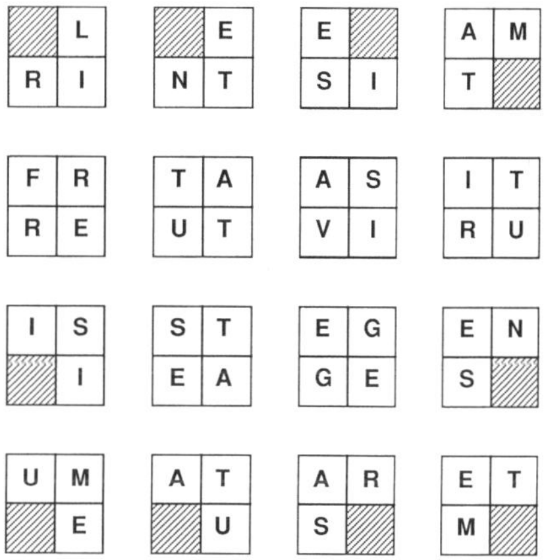

p. 110

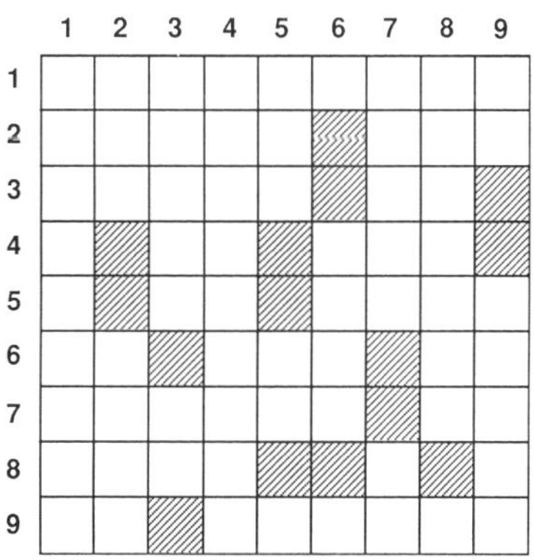

p. 128
▶

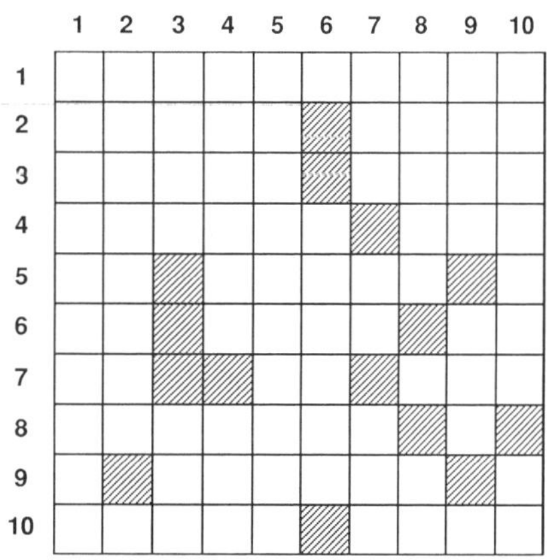

p. 140

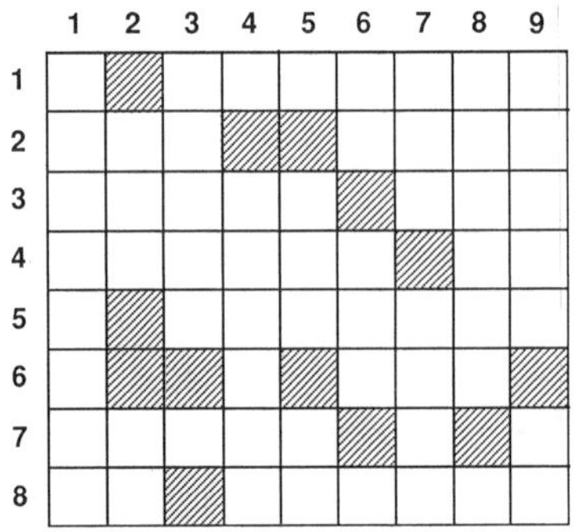

p. 158 (1)

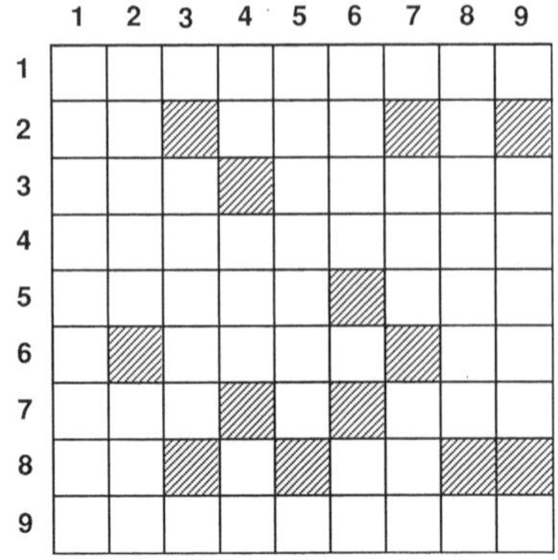

p. 152

I		N
U	S	U
M		S

I	C	
Q	U	O
U	M	

I	V	
S	E	D
	M	A

C	C	I
I	U	M
V	I	C

R		H
A	L	I
T	E	C

D	I	T
	R	A
T	A	M

E	Q	U
	U	
N	E	A

I		A
V	I	T
E	T	

U	T	
R	U	M
P	S	I

p. 158 (2)

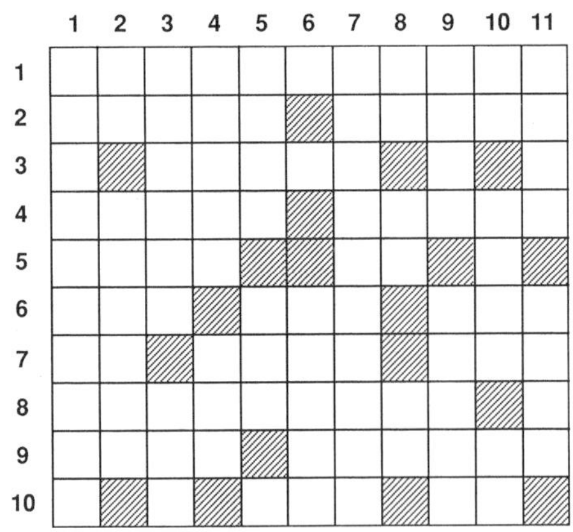

p. 170

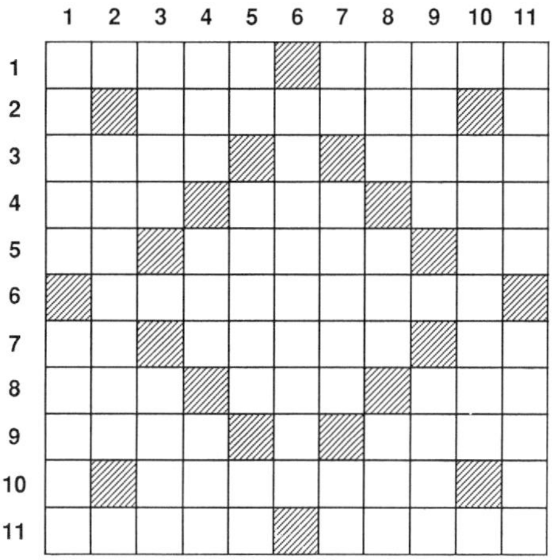

p. 188 (1)

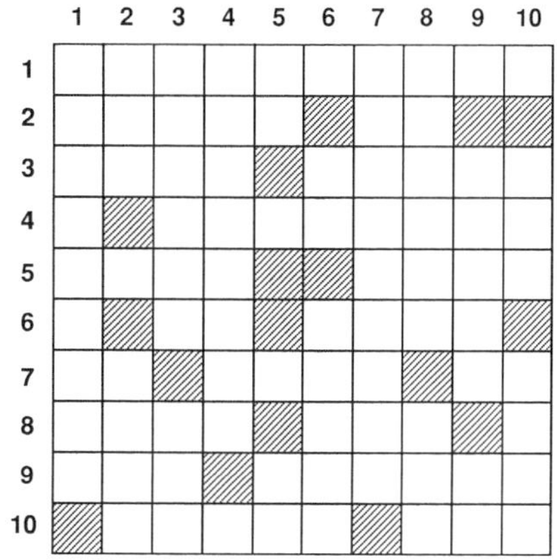

p. 176

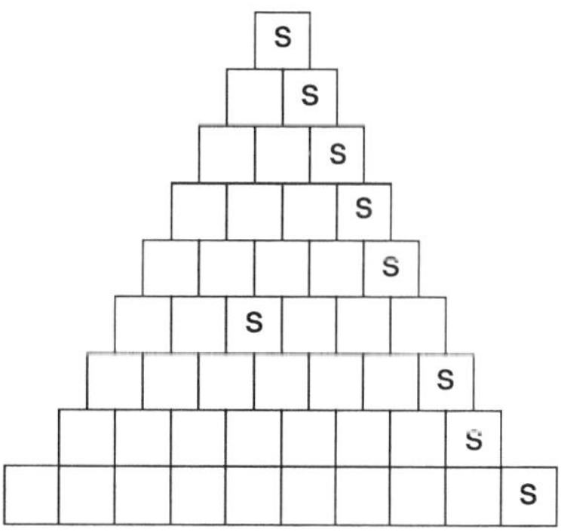

p. 188 (2)

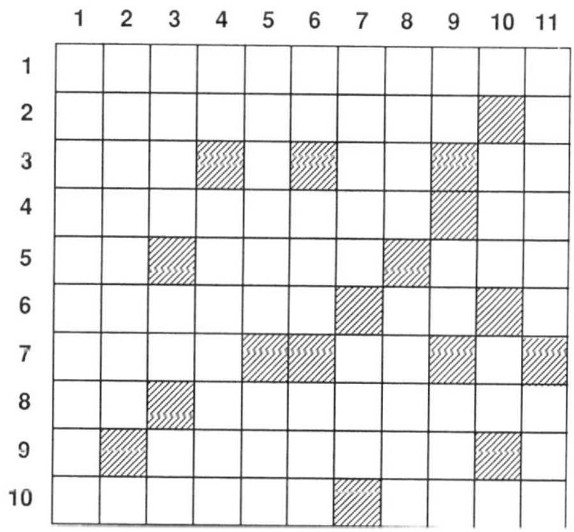

LEXIQUE LATIN - FRANÇAIS

A

a (ab) + ABL. : *loin de, de – depuis* – introduisant un nom d'être animé compl. d'un verbe passif (compl. d'agent) : *par, de*

ábeo, -is, -íre, -ii, -itum : *s'éloigner, s'en aller*

ábies, -etis, f. : *sapin*

abjício, is, ěre, -jéci, -jéctum : *jeter au loin, jeter*

abscédo, is, ěre, -céssi, -céssum : *s'éloigner*

absens, -ntis : *absent*

absólvo, is, ěre, -sólvi, -solútum : *détacher*

abstíneo, es, ére, -tínui, -téntum : *s'abstenir*

ábstraho, is, ěre : *arracher, emmener*

absum, -es, -ésse, áfui (a ou ab + ABL.) : *être absent (de), être loin (de)*

abúndo, as, áre (+ ABL.) : *abonder (en)*

ac (atque) : *et* – après idem, álius : *que*

accédo, is, ěre, -céssi, -céssum (+ DAT./ad + ACC.) : *s'avancer (vers), s'approcher (de) - s'ajouter (à)* – accédit quod : *il s'ajoute le fait que*

áccido, is, ěre, áccidi : *survenir, arriver* – áccidit ut + SUBJ. : *il arrive que*

accípio, is, ěre, accépi, accéptum : *accueillir, recevoir, apprendre* (ab + ABL. : *de qqu'un*) – accípěre + PROP. INF. : *apprendre que*

accómmodo, as, áre : *adapter, ajuster*

accúso, as, áre : *accuser*

acer, acris, acre : *vif, ardent, dur*

acérbus, a, um : *désagréable, pénible*

ácies, aciéi, f. : *pointe, vivacité (du regard) – ligne de bataille, front (du combat)*

acquiésco, is, ěre : *se reposer*

acútus, a, um : *pointu – fin, spirituel, avisé*

ad + ACC. : *vers, auprès de, jusqu'à – pour* (c. de but)

addísco, is, ěre : *apprendre qque ch. en plus*

addo, is, ěre, áddidi, ádditum : *ajouter*

addúco, is, ěre, addúxi, addúctum : *conduire (vers), amener, attirer*

① **ádeo,** -is, -íre, -ii, -itum (+ ACC. ou ad + ACC.) : *aller vers, s'approcher de, aborder*

② **ádeo** (... ut + SUBJ.) : *à tel point (... que)*

adhaerésco, is, ěre, -haési : *se fixer, se planter*

adhíbeo, es, ére, ui, itum : *appliquer, employer, avoir recours à*

adhuc : *jusqu'à présent, encore*

áditus, us, m. : *accès*

adjício, is, ěre, -jéci, -jéctum : *ajouter*

adjúngo, is, ěre, -júnxi, -júnctum : *joindre à, adjoindre* – sibi adjúngěre : *s'adjoindre*

adminístro, as, áre : *s'occuper de, diriger, régler*

admíror, áris, ári, átus sum (+ ACC.) : *s'étonner (de), admirer*

admítto, is, ěre : *admettre, permettre, perpétrer*

ádmodum : *tout à fait, entièrement*

adolésco, is, ěre, adolévi, adúltum : *grandir*

adsísto, is, ěre, -stiti : *se trouver*

adspéctus, us, m. : *aspect*

adspício, is, ěre, -spéxi, -spéctum : *voir, apercevoir, regarder*

adsuésco, is, ěre : *s'habituer*

adsum, -es, -ésse, ádfui (+ DAT.) : *être présent, être là, être près (de), assister (à), aider*

aduléscens, -ntis, m. : *jeune homme* (17 à 30 ans)

adúro, is, ěre : *brûler*

advénio, is, íre, -véni, -véntum : *arriver*

advéntus, us, m. : *arrivée*

adversárius, -ii, m. : *adversaire, ennemi*

① **advérsus** + ACC. : *contre*

② **advérsus,** a, um : *opposé, contraire*

aedifícium, ii, n. : *bâtiment, édifice, construction*

aedífico, as, áre : *édifier, bâtir, construire*

aeger, -gra, -grum : *malade*

aegróto, as, áre : *être malade*

Aegýptus, i, f. : *l'Égypte*

aémulus, a, um : *émule, rival, concurrent*

aéneus, a, um : *en bronze, en airain*

Aequi, órum, m. : *les Èques* (peuple voisin du Latium)

aequo, as, áre (cum + ABL.) : *rendre égal (à)*

aequus, a, um : *plat, calme, égal, favorable, juste*

aestas, -átis, f. : *été*

aéstimo, as, áre : *évaluer, estimer*

aetas, -átis, f. : *âge, époque, vie*

affectus, us, m. : *sentiment*

áffero, affers, afférre, áttuli, allátum : *porter (vers), apporter*

affício, is, ěre, -féci, -féctum (áliquem áliquā re) : 1. *gratifier* – 2. *frapper (qqu'un de qque ch.)*

afflígo, is, ěre, -flíxi, -flíctum : *abattre, terrasser, faire tomber*

ager, agri, m. : *champ, territoire*

agger, -eris, m. : *levée de terre, remblai, terrasse*

ággrego, as, áre : *associer* – se aggregáre in amicítiam alicújus : *se ranger au nombre des amis de qqu'un*

agitátor, -óris, m. : *conducteur de char*

ágito, as, áre : *exercer*

agmen, -inis, n. : *armée en marche, colonne, troupe en marche*

agnósco, is, ěre, -nóvi, -nitum : *reconnaître*

ago, is, ěre, egi, actum : *faire avancer, mener, agir, faire* – grátias ágěre(+ DAT.) : *témoigner de la reconnaissance (à), remercier* – vitam ágěre : *mener une vie, passer sa vie*

áio (défectif) : *dire, affirmer* – Présent : áio, ais, ait, áiunt – Impf. : aiébam... – Pf. : ait

ala, ae, f. : *aile*

alácritas, -átis, f. : *vivacité, ardeur*

Alexándria, ae, f. : *Alexandrie*

aliénus, a, um : *d'autrui, étranger*

alióqui : *d'ailleurs*

aliquámdiu : *assez longtemps*

aliquándo : *quelquefois, parfois*

① **áliqui(s),** áliqua, áliquod : *quelque*

② **áliquis,** áliqua, áliquid : *quelqu'un, quelque chose*

áliter : *autrement*

álius, a, ud : sg. : *un autre*, pl. : *d'autres* – álius atque : *autre que* – álius... álius... álius : *l'un.. un autre... un autre*

álligo, as, áre : *attacher*

Allóbroges, um, m. pl. : *les Allobroges* (peuple du Nord de la Narbonnaise)

allocútio, -ónis, f. : *discours, paroles*

Alpes, Álpium, f. pl. : *les Alpes*

alter, -era, -erum : *l'autre, le second, l'un (des deux)* – alter... alter : *l'un... l'autre*

altitúdo, -inis, f. : *hauteur, altitude, profondeur*

altus, a, um : *haut, profond*

ambítio, -ónis, f. : *ambition*

ámbitus, us, m. : *intrigue*

ámbulo, as, áre : *se promener, marcher*

amicítia, ae, f. : *amitié*

amícus, i, m. : *ami*

amítto, is, ĕre, amísi, amíssum : *perdre*

amo, as, áre : *aimer*

amor, -óris, m. : *amour*

amplitúdo, -inis, f. : *ampleur*

ámplius : *davantage, plus de*

amplus, a, um : *grand, important*

an : *ou* (interr. dir. double) – *ou si* (interr. indir. double)

ancílla, ae, f. : *servante*

anfráctus, us, m. : *détour* – anfráctum habére : *faire un détour*

anguis, is, m. : *serpent*

ángulus, i, m. : *angle*

angústiae, árum, f. : *espace étroit, défilé*

angústus, a, um : *étroit*

ánima, ae, f. : *souffle, âme*

animadvérto, is, ĕre, -vérti, -vérsum : *s'apercevoir, remarquer*

ánimal, -ális, n. : *être vivant, animal*

ánimus, i, m. : *esprit, âme, courage*

annus, i, m. : *an, année*

ante + ACC. : *avant, devant* – adv. : *avant, auparavant*

ántea : *auparavant*

antecédo, is, ĕre, -céssi, -céssum : *l'emporter sur, être prépondérant*

antéfero, -fers, -férre : *porter avant, porter en tête*

ántequam : 1. + INDIC. : *avant le moment où* – 2. + SUBJ. : *avant que, en attendant que*

antíquitus : *dans les temps anciens*

antíquus, a, um : *ancien*

Antónius, ii, m. : *Antoine, Marc Antoine*

ánulus, i, m. : *anneau*

apério, is, íre, apérui, apértum : *ouvrir*

apértus, a, um : 1. *ouvert, accessible* – 2. *évident, manifeste*

Apollónius, -ii, m. : *Apollonius*

apparátus, us, m. : *faste*

appáreo, es, ére, ui, itum : *apparaître*

ápparo, as, áre : *préparer, construire*

① **appéllo,** as, áre : *appeler, nommer*

② **appéllo,** is, ĕre, -puli, -púlsum : *faire aborder*

áppeto, is, ĕre, -ívi, -ítum : *chercher à atteindre*

ápplico, as, áre : *appuyer*

appóno, is, ĕre, -pósui, -pósitum : *poser à côté, présenter, servir*

appropínquo, as, áre : *approcher*

apud + ACC. : *près de, chez*

aqua, ae, f. : *eau*

áquila, ae, f. : *aigle*

Aquitáni, órum, m. : *les Aquitains*

ara, ae, f. : *autel*

arátor, -óris, m. : *laboureur*

arátrum, i, n. : *charrue*

árbitror, áris, ári, átus sum (+ PROP. INF.) : *penser, juger (que)*

arbor, -oris, f. : *arbre*

arbústum, i, n. : *lieu planté d'arbres*

argentárius, ii, m. : *banquier*

áridus, a, um : *aride, sec*

áries, -etis, m. : *bélier*

Ariovístus, i, m. : *Arioviste* (roi des Germains)

arma, -órum, n. pl. : *armes*

armatúra, ae, f. : *troupes* – gravis armatúra : *infanterie lourde* – levis armatúra : *infanterie légère*

armo, as, áre : *armer, équiper (un navire)* – armátus, i, m. : *soldat en armes*

Arpínas, átis, m. : *né à Arpinum*

árrogans, -ntis : *arrogant*

ars, artis, f. : *science, art, moyen*

artículus, i, m. : *articulation*

artifícium, ii, n. : *art, artifice, métier*

arúndo, -inis, f. : *roseau*

ascéndo, is, ĕre : *monter*

ásinus, i, m. : *âne*

assíduus, a, um : *continuel, monotone*

assuefácio, is, ĕre, -féci, -fáctum : *habituer*

at : *mais*

Athénae, árum, f. pl. : *Athènes*

atque = ac

atqui : *et pourtant*

auctor, -óris, m. : *garant, instigateur, conseiller*

auctóritas, -átis, f. : *autorité, prestige*

audácia, ae, f. : *audace*

audácter : *hardiment*

audax, -ácis : *audacieux, téméraire*

aúdeo, es, ére, ausus sum : *oser*

aúdio, is, íre, ívi, ítum : *entendre, écouter* – audíre + PROP. INF. : *entendre dire, apprendre que*

aúfero, aufers, auférre, ábstuli, ablátum : *porter loin de, emporter, enlever*

aúgeo, es, ére, auxi, auctum : *augmenter, accroître*

aura, ae, f. : *brise*

aúreus, a, um : *d'or, en or*

auris, is, f. : *oreille*

aurítulus, i, m. : *l'animal aux longues oreilles*

aurum, i, n. : *or* (métal)

aut : *ou*

autem (se place après le 1er mot) : *or, mais, quant à*

auxílium, -ii, n. : *aide, secours*

avéna, ae, f. : *avoine, tuyau de paille*

avérsus, a, um : *qui tourne le dos*

avérto, is, ĕre, avérti, avérsum : *détourner*

avis, is, f. : *oiseau*

B

Babylónius, a, um : *babylonien*
báculum, i, n. : *bâton*
bárbarus, a, um : *barbare*
barbátus, a, um : *barbu*
beátus, a, um : *heureux*
Belgae, árum, m. pl. : *les Belges* (habitants de la Gaule belgique)
Bélgium, ii, n. : *Belgium* (région du centre de la Gaule belgique)
béllicus, a, um : *guerrier*
bello, as, áre : *faire la guerre*
bellum, i, n. : *guerre*
bélua (béllua) : *gros animal, bête*
bene : *bien*
benefícium, -ii, n. : *bienfait, service, faveur*
béstia, ae, f. : *bête*
bibo, is, ĕre, bibi : *boire*
Bitúriges, um, m. pl. : *les Bituriges* (peuple de Gaule celtique : Berry actuel)
bónitas, -átis, f. : *qualité*
bonus, a, um : *bon* – (comparatif : mélior, ius – superl. : óptimus, a, um) – employé comme nom : boni, m. pl. : *les gens de bien* – bonum, i, n. : *un bien, le bien* – bona, n. pl. : *les biens*
bos, bovis, m. : *bœuf* – f. : *vache*
brevis, e : *court, bref*
Británni, órum, m. pl. : *les Bretons* (habitants de la Grande-Bretagne actuelle)
Británnia, ae, f. : *la Bretagne* (Grande-Bretagne actuelle)
búcula, ae, f. : *génisse*

C

cado, is, ĕre, cécidi, casum : *tomber*
cadúcus, a, um : *caduc, périssable*
caecus, a, um : *aveugle*
caedes, is, f. : *meurtre, massacre*
caedo, is, ĕre, cecídi, caesum : *couper, massacrer*
caélites, um, m. : *habitants du ciel*
caelum, i, n. : *ciel, climat*
caerúleus, a, um : *bleu*
Caesar, -aris, m. : *César*
Caesárea, ae, f. : *Césarée*
calceaméntum, i, n. : *chaussure*
cálceus, i, m. : *chaussure*
calix, -icis, m. : *coupe*
cállidus, a, um : *rusé*
campus, i, m. : *plaine* – Campus (i) Mártius (-ii), m. : *le Champ de Mars*
canis, is (gén. pl. canum), m. : *chien*
cano, is, ĕre, cécini, cantum : *chanter*
Cántium, ii, n. : *le Cantium* (région de Bretagne : Kent actuel)
capélla, ae, f. : *(petite) chèvre*
cápio, is, ĕre, cepi, captum : *prendre*
Capitólium, ii, n. : *le Capitole*
capra, ae, f. : *chèvre*
captívus, i, m. : *prisonnier*
capto, as, áre : *chercher à attraper*
Cápua, ae, f. : *Capoue* (ville de Campanie)
caput, -itis, n. : *tête, capitale*
cáreo, es, ére, cárui (+ ABL.) : *manquer (de), être privé (de)*
carmen, -inis, n. : *poème, vers*
caro, carnis, f. : *viande*
carrus, i, m. : *chariot*
Carthaginiénsis, e : *carthaginois* – Carthaginiénses, ium, m. : *les Carthaginois*
Cartháɡo, -inis, f. : *Carthage*
carus, a, um : *cher*
casa, ae, f. : *cabane, chaumière*
cáseus, i, m. : *fromage*
castéllum, i, n. : *fortin*
castígo, as, áre : *réprimander*
castra, órum, n. pl. : *(un) camp*
casus, us, m. : *hasard, accident, malheur*
Catilína, ae, m. : *Catilina*
Cato, -ónis, m. : *Caton*
cátulus, i, m. : *petit chien*
caupo, -ónis, m. : *aubergiste*
causa, ae, f. : *cause, raison* – causā précédé du GÉN. : *pour, en vue de* (but)
cautus, a, um : *circonspect*
cedo, is, ĕre, cessi, cessum : *partir, se retirer* – cédĕre + DAT. : *céder (à)*
celer, céleris, célere : *rapide*
celéritas, -átis, f. : *rapidité*
celériter : *rapidement*
celsus, a, um : *haut*
Celtae, árum, m. pl. : *les Celtes* (en particulier : *les habitants de la Gaule celtique)*
cena, ae, f. : *dîner* (repas principal des Romains vers 15 h)
ceno, as, áre : *dîner*
centúrio, -ónis, m. : *centurion*
cera, ae, f. : *cire*
cerno, is, ĕre : *discerner, voir*
certámen, -inis, n. : *lutte*
certe : *du moins, en tout cas*
certo, as, áre : *lutter*
certus, a, um : *fixé, sûr, certain*
cervus, i, m. : *cerf*
céteri, ae, a : *(tous) les autres*
céterum : *du reste, d'ailleurs, mais*
Cícero, -ónis, m. : *Cicéron*
circénses, ium, m. pl. : *jeux du cirque*
círciter : *environ*
circúitus, us, m. : *marche circulaire, révolution, détour, enceinte, pourtour*
circum + ACC. : *autour de*
circumclúdo, is, ĕre : *garnir*
circúmdo, as, are, -dedi, -datum : *entourer*
circúmeo, -is, -íre, -ii, -itum (+ ACC.) : *faire le tour (de)*
circumplicátus, a, um : *entouré, emmêlé*
circumsísto, is, ĕre, -stiti : *entourer*
circumvállo, as, áre : *faire des lignes de circonvallation, investir*
circumvénio, is, íre, -véni, -véntum : *venir autour (de), entourer*
civis, is, m. : *citoyen, concitoyen*
cívitas, -átis, f. : *cité* – *droit de cité, citoyenneté*
clam : *en cachette*
clámito, as, áre : *acclamer fréquemment*
clamo, as, áre : *crier, s'écrier*
clamor, -óris, m. : *un cri, des cris* – clamórem tóllĕre : *pousser un cri (des cris)*
clarus, a, um : *célèbre, illustre*
classis, is, f. : *flotte*
claudo, is, ĕre, clausi, clausum : *fermer, enfermer*
codicílli, órum, m. pl. : *tablettes* (pour écrire)
coepi : voir incípio
cógito, as, áre (de + ABL.) : *penser (à), réfléchir, méditer (sur)*
cognómen, -inis, n. : *surnom*
cognósco, is, ĕre, cognóvi, cógnitum : *apprendre à connaître* – parfait cognóvi, cognovísse : *connaître, savoir*

cogo, is, ĕre, coégi, coáctum : *réunir – obliger, forcer*
cohaeréntia, ae, f. : *cohésion*
cohíbeo, es, ére, -bui, -bitum : *retenir*
cohors, -tis, f. : *cohorte* (environ 360 hommes)
collácrimo, as, áre : *fondre en larmes*
cólligo, is, ĕre, collégi, colléctum : 1. *recueillir* – 2. *rassembler*
collis, is, m. : *colline*
cólloco, as, áre : *placer*
collóquium, -ii, n. : *entrevue*
cólloquor, eris, i : *s'entretenir avec, avoir une entrevue*
collum, i, n. : *cou – col*
colo, is, ĕre, cólui, cultum : *cultiver, s'occuper de, pratiquer, honorer*
colónia, ae, f. : *colonie*
columélla, ae, f. : *colonnette*
colúmna, ae, f. : *colonne*
comes, -itis, m./f. : *compagnon, compagne*
commeátus, us, m. : *approvisionnement, ravitaillement, vivres*
cómmeo, as, áre : *circuler*
commílito, -ónis, m. : *compagnon d'armes, camarade*
commítto, is, ĕre, -mísi, -míssum : *confier, engager, commencer, commettre*
cómmodum, i, n. : *avantage*
commóveo, es, ére : *émouvoir vivement, bouleverser*
commúnio, is, íre, ívi (ii), ítum : *construire* (un ouvrage de fortification), *fortifier*
commúnis, e : *commun*
commutátio, -ónis, f. : *changement*
cómparo, as, áre : 1. *préparer, procurer* – 2. *comparer*
compéllo, is, ĕre : *pousser*
compério, is, íre, -peri, -pértum : *découvrir, apprendre*
cómpleo, es, ére, complévi, complétum : *remplir*
complúres, a : *un grand nombre de, en grand nombre*
compóno, is, ĕre, -pósui, -pósitum : *placer ensemble, composer, mettre en ordre, disposer*
comprehéndo, is, ĕre, -prehéndi, -prehénsum : *saisir, arrêter*
cómputo, as, áre : *compter*
concédo, is, ĕre, -céssi, -céssum : *se retirer* – + DAT. : *céder à, accorder à, concéder* – ut + SUBJ. : *permettre que*
cóncido, is, ĕre, -cidi : *tomber*
concílium, -ii, n. : *assemblée, réunion*
concúrro, is, ĕre, -cúrri, -cúrsum : *accourir*
concúrso, as, áre : *courir de tous côtés*
condício, -ónis, f. : *condition,* situation
condiméntum, i, n. : *condiment*
cóndio, is, íre, ívi, ítum : *assaisonner*
condo, is, ĕre, -didi, -ditum : *fonder, cacher*
cónfero, confers, conférre, cóntuli, collátum (cum + ABL.) : *porter ensemble, réunir (à), comparer (à)*
confício, is, ĕre, -féci, -féctum : *achever, accabler*
confído, is, ĕre, -físus sum (+ DAT.) : *se fier (à)*
confírmo, as, áre : 1. *renforcer, consolider* – 2. *encourager, réconforter* – 3. *affirmer, confirmer*
confíteor, éris, éri, -féssus sum : *révéler*
cónfluo, is, ĕre : *affluer*
congrédior, eris, i, congréssus sum : *se rencontrer*
cóngruo, is, ĕre (cum + ABL.) : *coïncider (avec)*
conjício, is, ĕre, -jéci, -jéctum : *jeter (ensemble* ou *vivement)*
conjúngo, is, ĕre, -júnxi, -júnctum : *unir, réunir*
conjurátio, ónis, f. : *conjuration*
conjurátus, i, m. : *conjuré*
conjúro, as, áre : *conspirer*
conjux, -jugis, f. : *épouse* – parfois m. : *époux*
conor, áris, ári, átus sum (+ INF.) : *entreprendre (de), s'efforcer (de)*
conscríbo, is, ĕre, -scrípsi, -scríptum : *inscrire sur une liste, enrôler*
consecrátus, a, um : *consacré*
conséńsus, us, m. : *accord*
conséntio, is, íre : *être d'accord*
cónsequor, eris, i : *suivre*
consído, is, ĕre, -sédi, -séssum : *s'asseoir, s'installer, s'établir, siéger*
consílium, -ii, n. : *plan, projet, résolution, conseil, assemblée* (réunie pour délibérer)
consímilis, e : *tout à fait semblable*
consísto, is, ĕre, cónstiti : 1. *s'arrêter, se tenir en équilibre, s'établir* – 2. *être composé de* – 3. consístĕre in + ABL. : *consister en*
conspéctus, us, m. : *vue*
conspício, is, ĕre, -spéxi, -spéctum : *voir, apercevoir, regarder*
cónspicor, áris, ári, átus sum : *voir, apercevoir*
constántia, ae, f. : *constance*
constítuo, is, ĕre, -ui, -útum : *établir, fixer* – (+ INF.) : *décider (de)*
consto, as, áre, cónstiti : *être constitué ; exister, consister* – + ABL. : *coûter* – (satis) constat (+ PROP. INF.) : *il est (bien) établi (que)*
consuésco, is, ĕre, -suévi, -suétum : *s'habituer, prendre l'habitude de* – pf. consuévi, -vísse : *avoir l'habitude de*
consuetúdo, -inis, f. : *habitude, coutume*
consul, -ulis, m. : *consul*
consuláris, e : *de consul* – vir consuláris : *ancien consul*
consulátus, us, m. : *consulat*
cónsulo, is, ĕre, -súlui, -súltum + ACC. : *consulter* – + DAT. : *veiller à, s'intéresser à*
cóntego, is, ĕre, -téxi, -téctum : *couvrir complètement, recouvrir*
contémno, is, ĕre, contémpsi, contémptum : *mépriser*
contémptio, -ónis, f. : *mépris*
conténdo, is, ĕre, -téndi, -téntum : *tendre (vers), se diriger (vers), faire route* – + INF. : *se hâter de* – ut + SUBJ. : *s'efforcer de*
cóntinens, -ntis : *continu, ininterrompu*
continénter : *continuellement*
contíneo, es, ére, -tínui, -téntum : *tenir fermement, maintenir, maîtriser, réprimer*
contíngo, is, ĕre, -tigi, -táctum : *toucher, atteindre* – contíngit, ĕre, -tigit (ut + SUBJ.) : *il arrive (que)*
contínuus, a, um : *ininterrompu*
cóntio, -ónis, f. : 1. *assemblée* (du peuple ou des soldats) – 2. *harangue, discours*
contra : adv. : *au contraire* – prép. + ACC. : *contrairement à, contre*

cóntraho, is, ĕre, -tráxi, -tráctum : *rassembler, réduire*

contumélia, ae, f. : *outrage*

contúndo, is, ĕre, -tudi, -túsum (+ ACC.) : *donner des coups (sur)*

convénio, is, íre, -véni, -véntum : *venir ensemble, se rassembler, affluer*

convéntus, us, m. : *assemblée*

convérto, is, ĕre, -vérti, -vérsum : *tourner*

convícium, ii, n. : *vacarme*

convívium, ii, n. : *repas, festin, banquet*

cópia, ae, f. : sg. : *abondance, quantité* – pl. : *troupes*

copiósus, a, um : *riche en ressources, abondant, prolixe*

coquo, is, ĕre, coxi, coctum : *cuire, faire cuire*

cornu, us, n. : *corne*

coróna, ae, f. : *couronne*

corpus, -oris, n. : *corps*

córrigo, is, ĕre, -réxi, -réctum : *corriger*

corrípio, is, ĕre, -rípui, -réptum : *saisir (vivement)* – *blâmer*

corrúmpo, is, ĕre : *corrompre*

coxi : parfait de coquo

creber, -bra, -brum : *fréquent, serré, nombreux*

credo, is, ĕre, crédidi, créditum : *croire* – + DAT. : *faire confiance (à)* – + PROP. INF. : *croire que*

cremo, as, áre : *brûler*

cresco, is, ĕre, crevi, cretum : *croître, grandir*

crimen, -inis, n. : *accusation* – in crimen vocáre : *mettre en accusation, accuser*

crúcio, as, áre : *tourmenter*

crudélis, e : *cruel*

cruéntus, a, um : *sanglant, ensanglanté*

crus, cruris, n. : *patte*

cubículum, i, n. : *chambre à coucher*

cubíle, is, n. : *lit, couche*

cubo, as, áre, cúbui, cúbitum : *se coucher*

cúlleus, i, m. : *sac de cuir*

culmen, -inis, n. : *faîte, sommet*

culpa, ae, f. : *faute*

cultor, -óris, m. : *celui qui soigne, qui cultive, qui honore* – *habitant*

cultus, us, m. : *genre de vie, civilisation*

① **cum,** prép. + ABL. : *avec, en compagnie de*

② **cum,** conj. de sub. : **A.** + INDIC. : 1. *toutes les fois que, quand, lorsque* (répétition) – 2. *au moment où, quand, lorsque* (moment précis) – **B.** + SUBJ. : 1. (impf. – pl.-q.-pf.) : *comme, alors que* (temps + cause) – 2. *comme, puisque* (cause) – 3. *bien que, quoique* (concession)

cunctor, áris, ári, átus sum : *hésiter, tarder*

cunctus, a, um : *tout, tout entier* – cuncti, ae, a : *tous (sans exception)*

cupíditas, -átis, f. : *désir, avidité*

cúpido, -inis, f. : *désir*

cúpidus, a, um (+ GÉN.) : *désireux, avide (de)*

cúpio, is, ĕre, cupívi (ii), cupítum : *désirer*

cur... ? : *pourquoi... ?*

cura, ae, f. : *soin, souci*

cúria, ae, f. : *curie* (salle de séance du sénat)

curiósus, a, um : *curieux*

curo, as, áre : *soigner, prendre soin* (ut + SUBJ. : *que)*

curro, is, ĕre, cucúrri, cursum : *courir*

currus, us, m. : *char*

cursus, us, m. : *course* – cursus honórum : *la carrière des honneurs*

curvámen, -inis, n. : *courbure*

custos, -ódis, m. : *gardien*

cymba, ae, f. : *barque*

D

Daci, órum, m. pl. : *les Daces* (habitants de la Dacie, partie de la Roumanie actuelle)

Daédalus, i, m. : *Dédale*

damno, as, áre : *condamner*

damnósus, a, um : *nuisible, funeste*

de + ABL. : *du haut de - au sujet de, de*

débeo, es, ére, ui, itum : *devoir*

decédo, is, ĕre, -céssi, -céssum (de ou ex + ABL.) : 1. *s'éloigner (de), s'en aller* – 2. *mourir*

decérno, is, ĕre, -crévi, -crétum : *attribuer par un décret* – (+ INF.) : *décider (de)*

decérto, as, áre : *livrer une bataille décisive, combattre*

decet, decére, décuit : *il convient*

décido, is, ĕre, -cidi : *tomber*

decrétum, i, n. : *décision*

decus, -oris, n. : *bienséance, honneur, gloire, beauté*

dédecus, -oris, n. : *déshonneur*

dedítio, -ónis, f. : *reddition, capitulation* – in deditiónem accípĕre + ACC. : *recevoir la capitulation de*

dedúco, is, ĕre, -dúxi, -dúctum : *faire descendre, emmener, mener, escorter*

deféndo, is, ĕre, deféndi, defénsum : *défendre*

défero, -fers, -férre, -tuli, -látum : *porter vers le bas, emporter, entraîner - présenter, apporter, accorder*

defício, is, ĕre, -féci, -féctum + ACC. : *abandonner* – + DAT. : *faire défection, manquer à*

deflóro, as, áre : *déflorer*

defórmis, e : *difforme, hideux*

degénero, as, áre : *dégénérer*

dégravo, as, áre : *alourdir*

deínde : *puis, ensuite*

dejício, is, ĕre, -jéci, -jéctum : *jeter en bas*

delécto, as, áre : *charmer, enchanter, plaire à*

déleo, es, ére, évi, étum : *détruire*

delíciae, árum, f. : *les délices*

① **déligo,** as, áre : *attacher*

② **déligo,** is, ĕre, delégi, deléctum : *choisir*

delínquo, is, ĕre, -líqui, -líctum : *être en faute, commettre une faute*

delíro, as, áre : *être fou*

delírus, a, um : *extravagant, fou*

delphínus, i, m. : *dauphin*

demitto, is, ĕre : *laisser descendre, abaisser* – se demíttĕre : *descendre*

demónstro, as, áre : *montrer, faire connaître, mentionner*

demum : *seulement*

dénique : *enfin, finalement*

depéllo, is, ĕre, -puli, -púlsum : *chasser*

depóno, is, ĕre : *abandonner*

deprehéndo (depréndo), is, ĕre, -prehéndi, -prehénsum : *prendre, arrêter, saisir, surprendre*

depúgno, as, áre : *lutter dans un combat décisif, combattre à mort*

derídeo, es, ére, -rísi, -rísum : *ridiculiser*
descéndo, is, ĕre, descéndi, descénsum : *descendre*
désero, is, ĕre, desérui, desértum : *abandonner*
desídeo, es, ére : *rester assis*
desídia, ae, f. : *paresse*
desílio, is, íre : *descendre en sautant, sauter*
désino, is, ĕre, désii, désitum (+ INF.) : *cesser (de)*
déspero, as, áre : *désespérer* – + ABL. : *désespérer de*
despício, is, ĕre, -spéxi, -spéctum : *regarder de haut, mépriser*
desum, -es, -ésse, défui (+ DAT.) : *manquer (à), faire défaut (à)*
détraho, is, ĕre, -tráxi, -tráctum : *enlever, retirer*
deus, i, m. : *dieu*
devénio, is, íre : *descendre, venir*
devérsor, -óris, m. : *client d'une auberge*
devérto, is, ĕre, -vérti, -vérsum : *aller loger, descendre (chez qqu'un)*
devóveo, es, ére, -vóvi, -vótum : *promettre solennellement, consacrer - maudire*
dexter, -tra, -trum : *droit* – dextra : *la main droite*
dico, is, ĕre, dixi, dictum : *dire* – dícĕre + PROP. INF. : *dire que*
dictátor, -óris, m. : *dictateur*
dies, diéi, m. : *jour* – in dies : *de jour en jour*
díffero, differs, differre, dístuli, dilátum : *porter de côtés différents, différer (remettre à plus tard, être différent)* – differre ab + ABL. : *être différent de*
diffícilis, e : *difficile*
diffúgio, is, ĕre, -fúgi, -fúgitum : *s'enfuir*
diffúndo, is, ĕre : *étendre*
dígitus, i, m. : *doigt*
dignus, a, um (+ ABL.) : *digne (de)*
digrédior, eris, i, digréssus sum : *sortir*
díligens, -ntis : *empressé, consciencieux*
dímico, as, áre : *combattre*
dimídium, -ii, n. : *moitié*
dimítto, is, ĕre, -mísi, -míssum : *envoyer de tous côtés, renvoyer, abandonner*
diréctus, a, um : *droit*
discédo, is, ĕre, -céssi, -céssum : *s'en aller, s'éloigner* – discédĕre ab + ABL. : *s'écarter de, se séparer de*
disceptátio, -ónis, f. : *discussion*
disciplína, ae, f. : *formation, éducation, doctrine*
discípulus, i, m. : *élève, disciple*
disco, is, ĕre, dídici : *étudier, apprendre* (ab + ABL. : *de qqu'un)*
discrímen, -inis, n. : *ligne de démarcation, distinction*
discúmbo, is, ĕre, -cúbui, -cúbitum : *se coucher*
dispar, -aris : *inégal*
dispértio, is, íre : *partager*
dispóno, is, ĕre, -pósui, -pósitum : *disposer*
dísputo, as, áre : *discuter*
dissímulo, as, áre : *dissimuler*
dissólvo, is, ĕre, dissólvi, dissolútum : *mettre en pièces*
dissuádeo, es, ére, -suási, -suásum : *s'opposer*
distórtus, a, um : *contrefait, laid*
diu : *longtemps*
divérsus, a, um : *tourné en sens contraire, opposé*
dives, -itis : *riche*
dívido, is, ĕre, divísi, divísum : *partager, diviser, répartir* – divídĕre ab + ABL. : *séparer de*
divítiae, árum, f. pl. : *richesses*
divúlgo, as, áre : *divulguer*
divus, a, um : *divin* – divus, i, m. : *divinité, dieu*
do, das, dare, dedi, datum : *donner*
dóceo, es, ére, dócui, doctum : *instruire, enseigner*
doctus, a, um : *savant, instruit*
dolor, -óris, m. : *douleur*
dolus, i, m. : *ruse*
dóminus, i, m. : *maître*
domus, us, f. : *maison* – domi (locatif) : *à la maison, chez moi, chez toi,* etc.
dono, as, áre : *gratifier* (+ ACC. : *qqu'un* – + ABL. : *de qque chose)*
donum, i, n. : *don, cadeau*
drúides, um, m. pl. et **drúidae,** árum, m. pl. : *druides*
dúbito, as, áre (+ INF.) : *hésiter (à)*
dúbius, a, um : *hésitant, douteux*
duco, is, ĕre, duxi, ductum : *conduire*
dulcis, e : *doux*
dum : *pendant que, tant que, jusqu'au moment où*
dumétum, i, n. : *buisson épineux, ronces*
Dúmnorix, -igis, m. : *Dumnorix* (chef Héduen)
dumus, i, m. : *buisson*
duo, duae, duo : *deux*
durítia, ae, f. : *vie dure, pénible*
duro, as, áre : *endurcir*
durus, a, um : *dur*
dux, ducis, m. : *chef, guide*

E

e (ex) + ABL. : *hors de, de - d'après - depuis*
eā : *par là*
ébrius, a, um : *ivre*
edo, is, ĕre, edi, esum : *manger*
edúco, is, ĕre, edúxi, edúctum : *conduire hors de, faire sortir*
éffero, effers, efférre, éxtuli, elátum : *porter hors de, emporter, élever*
effício, is, ĕre, -féci, -féctum (ut + SUBJ.) : *faire en sorte (que)*
effígies, iéi, f. : *image*
effúgio, is, ĕre, -fúgi, -fúgitum (+ ACC.) : *fuir, échapper (à)*
effúgium, ii, n. : *échappatoire*
égeo, es, ére, égui (+ ABL.) : *manquer (de)* – (+ GÉN.) : *avoir besoin (de)*
egéstas, -átis, f. : *besoin*
ego : *moi, me*
egrédior, egréderis, égredi, egréssus sum : *sortir*
egrégius, a, um : *remarquable*
ejício, is, ĕre : *jeter, rejeter*
elúdo, is, ĕre, elúsi, elúsum : *se jouer (de)*
éminens, -ntis : *qui émerge, qui avance* ou *fait saillie*
éminus : *de loin*
emítto, is, ĕre, -mísi, -míssum : *envoyer dehors, lancer, laisser courir, laisser partir*
emo, is, ĕre, emi, emptum (ab + ABL.) : *acheter (à)*
énato, as, áre : *se sauver à la nage*
enim (se place après le 1er mot) : *en effet, car*
ensis, is, m. : *épée*

① **eo** (adv. de lieu) : *y, là*
② **eo...** quod : *pour cette raison... que* – eo... ut : *pour que*
③ **eo,** is, ire, ivi (ii), itum : *aller*
Epírus, i, f. : *l'Épire*
epístula, ae, f. : *lettre*
épulae, árum, f. pl. : *festin*
eques, -itis, m. : *cavalier - chevalier*
equitátus, us, m. : *cavalerie*
equus, i, m. : *cheval*
ergo : *donc*
érigo, is, ĕre : *relever*
erípio, is, ĕre, erípui, eréptum : *arracher*
erro, as, áre : *errer, se tromper*
erúdio, is, íre, ii, ítum : *enseigner*
erúptio, -ónis, f. : *sortie*
esúrio, is, íre, ívi : *avoir faim*
et : *et* – et... et : *à la fois... et, aussi bien... que* – (adv. = étiam) : *aussi, même*
étiam : *aussi, même, encore* – non tantum... sed étiam : *non seulement... mais aussi (encore)*
etsi : *bien que, quoique* (+ SUBJ. français)
evádo, is, ĕre, evási, evásum : *s'échapper*
évoco, as, áre : *appeler, rappeler*
ex = e
exánimis, e : *inanimé*
exánimo, as, áre : *suffoquer*
excéllo, is, ĕre : *être supérieur*
excélsus, a, um : *élevé*
excípio, is, ĕre, -cépi, -céptum : *retirer, accueillir, recevoir*
éxcito, as, áre : *réveiller*
exclúdo, is, ĕre, -clúsi, -clúsum : *exclure, repousser*
excrúcio, as, áre : *torturer*
excúbo, as, áre, ui, itum : *passer la nuit*
exémplum, i, n. : *exemple*
éxeo, is, ire, éxii, éxitum : *sortir, partir*
exérceo, es, ére, ui, itum : *exercer*
exércitus, us, m. : *armée*
exílium, -ii, n. : *exil*
exímius, a, um : *remarquable*
exístimo, as, áre (+ PROP. INF.) : *estimer, juger (que)*
éxitus, us, m. : *sortie, issue*
exórno, as, áre : *pourvoir*
expédio, is, íre, ívi (ii), ítum : *régler*
expedítus, a, um : *qui n'est pas embarrassé, libre d'entraves*
expéllo, is, ĕre, -puli, -púlsum : *chasser*
expérior, íris, íri, expértus sum : *essayer, faire l'expérience de, éprouver*
expers, expértis (+ GÉN.) : *dépourvu (de)*
explorátus, a, um : *certain, assuré*
exploro, as, áre : *examiner, vérifier*
exséquiae, árum, f. pl. : *obsèques*
exsílium, ii, n. : *exil*
exsísto, is, ĕre, -stiti : *s'élever (de), surgir*
exspectátio, -ónis, f. : *attente*
exspécto, as, áre : *attendre*
exstínguo, is, ĕre, -stínxi, -stínctum : *éteindre, faire disparaître*
éxstruo, is, ĕre, -strúxi, -strúctum : *élever, construire*
exsul, -ulis, m. : *exilé*
exta, órum, n. pl. : *entrailles*
exténtus, a, um : *étendu (à terre)*
extérebro, as, áre : *retirer en perçant*
extérior, ius : *extérieur*
extra + ACC. : *en dehors de*
extrémus, a, um : *le plus éloigné, le dernier, extrême* – *l'extrémité de, la fin de* – extrémum agmen : *la fin de la colonne, l'arrière-garde*
extrínsecus : *à l'extérieur, au-dehors*
éxuo, is, ĕre, ui, útum : *dépouiller* – *se débarrasser de* – exúĕre áliquem áliquā re : *obliger qqu'un à abandonner qque ch.*
exúro, is, ĕre, -ússi, -ústum : *détruire par le feu, brûler, dessécher*

F

fábula, ae, f. : *légende, pièce de théâtre, fable*
fácile : *facilement*
fácilis, e : *facile*
fácinus, -oris, n. : 1. *forfait* – 2. (plus rarement) *exploit*
fácio, is, ĕre, feci, factum : *faire* – avec un attribut du C.O.D. : *rendre* – iter fácĕre (per + ACC.) : *faire route, passer (par)*
fáctio, -ónis, f. : *parti, faction*
factum, i, n. : *action*
fagus, i, f. : *hêtre*
fallo, is, ĕre, fefélli, falsum : *induire en erreur, tromper* – fidem fállĕre : *manquer à la parole donnée*
falsus, a, um : *faux*
falx, falcis, f. : *(une) faux*
fama, ae, f. : *bruit qui court, renommée, réputation*
fames, is, f. : *faim*
familiáris, e : 1. *relatif à la famille* – 2. *familier, intime* – res familiáris : *le patrimoine*
fas (indécl.) : *permis par les dieux*
fatígo, as, áre : *épuiser, lasser*
fatum, i, n. : *destin*
fáveo, es, ére, favi, fautum (+ DAT.) : *favoriser, être favorable (à), s'intéresser (à)*
fax, facis, f. : *torche*
felix, -ícis : *chanceux, heureux*
fémina, ae, f. : *femme*
fera, ae, f. : *bête sauvage*
fere : *presque, environ, à peu près*
fériae, árum, f. pl. : *fêtes*
fero, fers, ferre, tuli, latum : *porter, supporter, rapporter*
ferox, -ócis : *farouche, fougueux, intrépide*
ferrum, i, n. : *fer, objet en fer*
fessus, a, um : *fatigué*
fidélis, e : *fidèle, loyal*
fides, fídei, f. : *(bonne) foi, loyauté, confiance, protection*
figúra, ae, f. : *apparence*
fília, ae, f. : *fille*
fílius, -ii, m. : *fils*
finis, is, m. : sg. : *fin, limite* – pl. : fines, ium : *frontières, territoire*
finítimus, a, um : *voisin*
fio, fis, fíeri, factus sum : 1. *être fait, se faire, se produire* – 2. *devenir* – 3. fit ut + SUBJ. : *il arrive que*
fístula, ae, f. : *flûte de Pan*
flagítium, ii, n. : *infamie*
flamma, ae, f. : *flamme*
flavus, a, um : *jaune, blond*
flecto, is, ĕre, flexi, flexum : *faire plier, fléchir*
flóreo, es, ére, ui : *fleurir, être florissant*

fluctus, us, m. : *flot*
flumen, -inis, n. : *cours d'eau, rivière, fleuve*
fluo, is, ĕre, fluxi, fluxum : *couler*
fons, fontis, m. : *source*
foris : *au-dehors*
forma, ae, f. : *forme, beauté*
formósus, a, um : *beau*
forte : *par hasard*
fortis, e : *courageux*
fortúna, ae, f. : *sort, hasard, chance, fortune*
forum, i, n. : *forum, place publique*
fossa, ae, f. : *fossé*
fóvea, ae, f. : *trou, piège*
frango, is, ĕre, fregi, fractum : *briser*
frater, -tris, m. : *frère*
fraus, fraudis, f. : *ruse*
frequéntia, ae, f. : *grand nombre, abondance*
frígidus, a, um : *froid*
frigus, -oris, n. : *(le) froid*
fructus, us, m. : 1. *production (de la terre)* – 2. *fruit, profit*
fruges, um, f. pl. : *productions, moissons*
frumentárius, a, um : *qui concerne le blé* – res frumentária, f. : *l'approvisionnement en blé*
fruméntum, i, n. : *blé*
frustra : *en vain*
frutex, -icis, m. : *branchage*
fuga, ae, f. : *fuite*
fúgio, is, ĕre, fugi, fúgitum : *fuir, s'enfuir*
fugitívus, i, m. : *esclave fugitif*
fumus, i, m. : *fumée*
fúnditor, -óris, m. : *frondeur*
① **fundo,** as, áre : *bâtir*
② **fundo,** is, ĕre, fudi, fusum : *verser, répandre, mettre en déroute*
funus, -eris, n. : *funérailles*
furor, -óris, m. : *folie furieuse, fureur*
furtum, i, n. : *vol*

G

gálea, ae, f. : *casque*
Gállia, ae, f. : *la Gaule*
gállicus, a, um : *gaulois*
Gallus, i, m. : *Gaulois*
Garúmna, ae, f. : *la Garonne*
gaúdeo, es, ére, gavísus sum (+ ABL.) : *se réjouir (de)*
gaúdium, -ii, n. : *joie*
géminus, a, um : *jumeau, double, deux*
gena, ae, f. : *joue*
Genáva, ae, f. : *Genève*
gens, -ntis, f. : *famille – peuple, nation*
genus, -eris, n. : *genre, sorte, espèce*
Germáni, órum, m. pl. : *les Germains*
Germánicus, i, m. : *Germanicus*
gero, is, ĕre, gessi, gestum : *faire, mener, diriger, exercer* – bellum gérĕre cum + ABL. : *faire la guerre à, contre* – se gérĕre : *se comporter*
gigno, is, ĕre, génui, génitum : *engendrer, mettre au monde, produire*
gládius, -ii, m. : *glaive, épée*
glória, ae, f. : *gloire*
grácilis, e : *menu*
graece : *en grec*
Graécia, ae, f. : *la Grèce*
Graecus, a, um : *grec*
gramen, -inis, n. : *herbe*
grátia, ae, f. : *reconnaissance, faveur* – grátias ago, is, ĕre, egi, actum : (+ DAT.) : *témoigner de la reconnaissance (à), remercier*
gratiósus, a, um : *qui a du crédit, de l'influence*
gratus, a, um : *reconnaissant, agréable, bienvenu*
gravis, e : *lourd, grave, pénible*
gravo, as, áre : *alourdir*
gusto, as, áre : *goûter*

H

hábeo, es, ére, ui, itum : *avoir*
hac : *par ici*
Haéduus, a, um : *Héduen* – Haédui, órum, m. pl. : *les Héduens* (peuple de Gaule celtique : Morvan actuel)
harúspex, -icis, m. : *haruspice*
haud (devant un adj. ou un adv.) : *ne... pas* – haud procul (ab) + ABL. : *non loin (de)*
Helvétii, -iórum, m. pl. : *les Helvètes*
Hércules, is, m. : *Hercule*
heréditas, -átis, f. : *héritage*
heres, -édis, m. : *héritier*
heri : *hier*
hestérnus, a, um : *d'hier*
hiátus, us, m. : *gouffre*
hibérna, órum, n. pl. : *quartiers d'hiver*
Hibérnia, ae, f. : *Hibernie* (Irlande actuelle)
① **hic** (adv. de lieu) : *ici*
② **hic,** haec, hoc : 1. pron. démonstr. : *celui-ci, celle-ci, ceci* – 2. adj. dém. : *ce... ci, cette... ci, ce... ci* (quelquefois *mon, ma)*
hiémo, as, áre : *prendre ses quartiers d'hiver, hiverner*
hinc : *d'ici*
Hispáni, órum, m. pl. : *les Espagnols*
Hispánia, ae, f. : *l'Espagne*
homo, -inis, m. : *homme*
honéstus, a, um : *honorable*
honos, -óris, m. : *honneur, magistrature*
hora, ae, f. : *heure*
horréndus, a, um : *effroyable*
hórridus, a, um : *affreux*
hortor, áris, ári, átus sum (ut + SUBJ.) : *exhorter (à)*
hórtulus, i, m. : *petit jardin* – au pl. : *petit parc, petite propriété*
hortus, i, m. : *jardin*
hospes, -itis, m. : *hôte*
hostis, is, m. : *ennemi*
huc : *ici*
humánitas, -átis, f. : *culture*
humánus, a, um : *humain*
húmerus, i, m. : *épaule*
húmilis, e : *humble*
humus, i, f. : *sol, terre* – humi (locatif) : *par terre*

I

ibi : *là – y* (lieu où l'on est)
idem, éadem, idem : *le même* – idem atque (ac) : *le même que*
idéntidem : *de façon renouvelée, encore et encore*
ídeo : *c'est pourquoi, pour cette raison* – ídeo... quod + INDIC. : *pour cette raison... que* – ídeo... ut + SUBJ. : *pour que*
idóneus, a, um (+ DAT. ou ad + ACC.) : *convenable, propre (à), apte (à)*
ígitur : *donc*
ignis, is, m. : *feu*
ignósco, is, ĕre, -nóvi, -nótum (+ DAT) : *pardonner (à)*

ignótus, a, um : *inconnu*
illac : *par là*
ille, illa, illud : pron. : *celui-là, celle-là, cela* – employé comme pronom de rappel : *celui-ci, lui, il* – adj. : *ce... là, cette... là, ce... là* – parfois sens laudatif : *ce bon, cet illustre, ce fameux*
illic : *là (-bas)*
illinc : *de là (-bas)*
illuc : *là (-bas)*
Illýricum, i, n. : *l'Illyrie*
imber, -bris, m. : *pluie*
ímitor, áris, ári, átus sum : *imiter*
immánis, e : *monstrueux*
immítto, is, ĕre : *jeter*
ímmolo, as, áre : *immoler*
immortális, e : *immortel*
immótus, a, um : *immobile*
immúnitas, -átis, f. : *exemption*
imparátus, a, um : *non préparé*
impediméntum, i, n. : *empêchement, obstacle* – impediménta, órum : *les bagages*
impédio, is, íre, ívi, ítum : *entraver, empêcher, arrêter*
impéndeo, es, ére : *surplomber*
impénsa, ae, f. : *dépense*
imperátor, -óris, m. : *général* – (sous l'Empire) : *empereur*
imperítus, a, um : *inexpérimenté*
impérium, -ii, n. : *empire, domination, autorité, pouvoir, commandement*
ímpero, as, áre (ut + SUBJ.) : *ordonner (que, de)*
impértio, is, íre (+ DAT.) : *consacrer (à)*
ímpotro, as, áre (ab áliquo) : *obtenir (de qqu'un)*
ímpetus, us, m. : *élan, attaque, assaut*
ímpleo, es, ére, -plévi, -plétum : *emplir, remplir*
impóno, is, ĕre, -pósui, -pósitum : 1. in + ACC. ou ABL. : *placer dans, sur* – 2. + DAT. : *imposer à*
impróbitas, -átis, f. : *malhonnêteté*
impúne : *impunément*
in + ACC. (lieu où l'on va) ou ABL. (lieu où l'on est) : *dans, en, sur* – in + ACC. : *contre*
inánis, e : *vide, vain*
inaúro, as, áre : *dorer*
incédo, is, ĕre, -céssi, -céssum : *avancer*
incéndium, ii, n. : *incendie*
incéndo, is, ĕre, incéndi, incénsum : *enflammer, incendier*
incértus, a, um : *non fixé, peu sûr, incertain*
incípio, is, ĕre, [incépi, incéptum], coepi, coeptum : *commencer*
íncito, as, áre : *pousser (à), exciter, inciter*
inclámo, as, áre : *appeler*
incógnitus, a, um : *inconnu*
íncolo, is, ĕre, incólui, incúltum : *habiter*
incólumis, e : *sain et sauf, intact*
incómmodum, i, n. : *dommage, perte, inconvénient*
incredíbilis, e : *incroyable*
inde : *de là* (lieu) – *à partir de là, ensuite* (temps)
indígena, ae, m. : *indigène, autochtone*
indígeo, es, ére, ui (+ ABL.) : *manquer (de), avoir besoin (de)*
índoles, is, f. : *qualités naturelles, naturel, caractère*
indúco, is, ĕre : *faire venir, attirer*
indúlgeo, es, ére, -dúlsi, -dúltum (+ DAT.) : *avoir de l'induglence (pour)*
íneo, inis, iníre, -ii, -itum (+ ACC. ou in + ACC.) : *entrer dans, commencer*
infans, -ntis, m. : *bébé, enfant*
infántia, ae, f. : *petite enfance*
inférior, ius : *plus bas, inférieur*
ínfero, infers, inférre, íntuli, illátum : *porter dans, porter contre*
infício, is, ĕre : *teindre*
ínfimus, a, um : *le plus bas, le plus humble, le bas*
infinítus, a, um : *sans limites*
ínfluo, is, ĕre, -flúxi, -flúctum : *couler dans, se jeter dans*
infra + ACC. : *au-dessous de*
ingénium, -ii, n. : *dispositions naturelles, intelligence, talent*
ingens, -ntis : *énorme, immense*
ingrátus, a, um : *ingrat, désagréable*
inimícus, i, m. : *ennemi (personnel)*
iníquus, a, um : *défavorable*
inítium, -ii, n. : *commencement*
injúria, ae, f. : *injustice, tort, dommage, mauvais traitement* – injúriā : *injustement*
innóxius, a, um : *innocent – inoffensif*
inópia, ae, f. : *manque de ressources, dénuement, disette*
inquinátus, a, um : *souillé*
inquit : *dit-il, dit-elle* (proposition incise)
insánus, a, um : *fou*
ínsero, is, ĕre, -sérui, -sértum (+ DAT.) : *introduire (dans)*
insídiae, árum, f. pl. : *un piège, une embuscade*
insígnis, e : *remarquable*
insísto, is, ĕre, -stiti (+ DAT.) : *être debout (sur)*
instítuo, is, ĕre, -stítui, -stitútum : *instituer, établir, organiser, entreprendre*
institútum, i, n. : *usage établi, habitude* – pluriel : *institutions*
ínstruo, is, ĕre, -strúxi, -strúctum : *ranger, instruire*
insuefáctus, a, um : *habitué*
insuétus, a, um : *inhabituel*
ínsula, ae, f. : *île*
intéllego, is, ĕre, intelléxi, intelléctum (+ PROP. INF.) : *comprendre (que), se rendre compte (que)*
inter + ACC. : *entre, parmi*
intercípio, is, ĕre, -cépi, -céptum : *intercepter*
interdíco, is, ĕre (álicui áliquā re) : *interdire (à qqu'un qque ch.)*
intérdum : *parfois*
intérea : *entre-temps, pendant ce temps*
intéreo, is, íre, -ii, -itum : *mourir, périr*
interfício, is, ĕre, -féci, -féctum : *tuer*
ínterim : *entre-temps, pendant ce temps*
intérimo, is, ĕre, -émi, -émptum : *tuer*
intermítto, is, ĕre, -mísi, -míssum : *mettre dans l'intervalle, espacer, interrompre*
interpellátor, -óris, m. : *importun, fâcheux*
interscíndo, is, ĕre : *couper*
intérsum, -es, -ésse, -fui (+ DAT.) : *participer*
intra + ACC. : *à l'intérieur de*
invénio, is, íre, -véni, -véntum : *trouver*
invérto, is, ĕre : *retourner, remettre en place*
invíctus, a, um : *invaincu*
invídia, ae, f. : *malveillance, haine, jalousie*

ipse, ipsa, ipsum : *moi-même, toi-même, lui-même, elle-même,* etc. ; *même – personnellement*
ira, ae, f. : *colère*
iráscor, eris, irásci, irátus sum (+ DAT.) : *se mettre en colère, s'irriter (contre)*
is, ea, id : pronom : *celui-ci, celle-ci, ceci – le, la, lui,* etc. – *celui, celle, ce (qui)* – ejus : *son* – eórum, eárum : *leur* – adj. : *ce, cette, ces* – is... ut + SUBJ. : *tel... que* – is qui + SUBJ. : *tel que, homme à*
iste, ista, istud : pronom : *celui-là, celle-là, cela* – adj. : *ce... là, cette... là, ce... là* – qqfois : *ton, ta* – sens péjoratif : *ce mauvais*
ita : *ainsi* – ita... ut + INDIC. : *de même que, ainsi que, comme* – ut... ita : *de même que... de même* – ita... ut + SUBJ. : *de telle sorte... que*
ítaque : *c'est pourquoi*
item : *de même*
iter, itíneris, n. : *route, chemin, marche, trajet, étape* – iter fácĕre (per + ACC.) : *faire route, passer (par)*

J

jáceo, es, ére, jácui : *être couché, étendu, abattu*
jácio, is, ĕre, jeci, jactum : *jeter, lancer*
jacto, as, áre : 1. *lancer, agiter* – 2. *vanter*
jactúra, ae, f. : *sacrifice*
jam : *déjà – désormais* – non jam : *ne... plus*
Janus, i, m. : *Janus*
júbeo, es, ére, jussi, jussum (+ PROP. INF.) : *ordonner (que)*
jucúndus, a, um : *agréable*
judícium, -ii, n. : *jugement*
júdico, as, áre : *juger*
juméntum, i, n. : *bête de somme*
jungo, is, ĕre, junxi, junctum : *joindre, unir, réunir*
júnior : *le plus jeune (de 2)* – junióres : *les plus jeunes* (17-45 ans) – *l'armée active*
Júpiter, Jovis, m. : *Jupiter*
jus, juris, n. : *le droit*
justítia, ae, f. : *justice*
justus, a, um : *juste*
júvenis, is, m. : *jeune homme, homme jeune*
juvéntus, -útis, f. : *jeunesse*
juvo, as, áre, juvi, jutum : *aider, réjouir, plaire à* – impersonnel : juvat : *il est utile* – me juvat : *il me plaît*

L

labor, -óris, m. : *travail, fatigue, épreuve*
labóro, as, áre : *peiner, travailler – être en difficulté, en danger – s'inquiéter*
labrum, i, n. : *lèvre*
lac, lactis, n. : *lait*
Lacedaemónii, -iórum, m. pl. : *les Spartiates*
lácero, as, áre : *mettre en pièces*
lácrima, ae, f. : *larme*
lacus, us, m. : *lac*
laetítia, ae, f. : *joie*
laetus, a, um : *joyeux, content*
lagóna, ae, f. : *bouteille*
lambo, is, ĕre : *laper*
lana, ae, f. : *laine*
láteo, es, ére : *être caché*
latíne : *en latin*
latrocínium, -ii, n. : *brigandage*
① **latus,** a, um (+ ACC.) : *large (de)*
② **latus,** -eris, n. : *flanc, côté*
laudo, as, áre : *louer*
laus, laudis, f. : *mérite, éloge, louange, gloire*
léctito, as, áre : *lire et relire*
lectus, i, m. : *lit*
legátus, i, m. : *représentant, émissaire, ambassadeur* – chez César : *lieutenant*
légio, -ónis, f. : *légion*
legionárius, -ii, m. : *légionnaire*
lego, is, ĕre, legi, lectum : *choisir, élire, lire*
legúmen, -inis, n. : *légumineuse*
levis, e : *léger*
levo, as, áre : *soulever*
lex, legis, f. : *loi*
libéllus, i, m. : *(petit) livre*
libénter (superl. libentíssime) : *volontiers*
① **liber,** -era, -erum : *libre*
② **liber,** libri, m. : *livre*
líberi, órum, m. pl. : *les enfants* (fils et filles par opposition à leurs parents)
líbero, as, áre (+ ABL.) : *libérer, délivrer (de qq. ch.)*
libértas, -átis, f. : *liberté*
líbido, -inis, f. : *passion*
libro, as, áre : *balancer, mettre en équilibre*
licet, licére, lícuit : *il est permis*
Lígures, um, m. pl. : *les Ligures*
lingua, ae, f. : *langue*
linum, i, n. : *lin*
líqueo, es, ére : *être clair*
liquor, -óris, m. : *eau*
lítigo, as, áre : *se disputer*
líttera, ae, f. : sg. : *lettre (de l'alphabet)* – pl. : lítterae, árum : *lettre (missive), les lettres, la littérature, la culture*
litterátus, a, um : *cultivé*
litus, -oris, n. : *côte, rivage*
lócuples, -étis : *riche*
locus, i, m. : *lieu, place, endroit* (à ces sens, pluriel loca, n. pl.) – *condition sociale, rang*
longe : *loin, de loin*
longus, a, um : *long*
loquor, eris, loqui, locútus sum : *parler, dire*
ludíbrium, -ii, n. : *moquerie*
ludo, is, ĕre, lusi, lusum : *jouer*
lusus, us, m. : *jeu*
lux, lucis, f. : *lumière*

M

mádeo, es, ére, ui : *être mouillé*
Maecénas, -átis, m. : *Mécène*
magis (... quam) : *plus (... que)*
magistrátus, us, m. : *magistrat – magistrature*
magnitúdo, -inis, f. : *grandeur, importance*
magnus, a, um : *grand* (comparatif : major, majus ; superl. : máximus, a, um)
majéstas, -átis, f. : *majesté*
major, majus : comparatif irrég. de magnus – majóres, um, m. pl. : *les ancêtres* – major natu : *le plus âgé, l'aîné (de deux)*
male (pejus – péssime) : *mal* (adverbe)
malefícium, -ii, n. : *mauvaise action, crime*
malo, mavis, malle, málui : *préférer, aimer mieux*
malus, a, um : *mauvais, méchant* (comparatif : pejor, pe-

jus – superl. : péssimus, a, um) – mali, órum, m. pl. : *les méchants* – malum, i, n. : *le mal*
mando, as, áre : *confier*
máneo, es, ére, mansi, mansum : *rester*
mansuéfio, -fis, -fíeri : *s'apprivoiser*
Mántua, ae, f. : *Mantoue*
manumítto, is, ĕre, -mísi, -míssum : *affranchir (un esclave)*
manus, us, f. : *main – troupe*
mare, is, n. : *mer*
margo, -inis, f. : *margelle*
marítimus, a, um : *maritime, de la mer*
Massília, ae, f. : *Marseille*
mater, -tris, f. : *mère*
matéria, ae, f. : *bois (de construction)*
Mátrona, ae, m. : *la Marne*
matúre : *de bonne heure*
matúro, as, áre : *se hâter*
matúrus, a, um : *mûr*
máxime : *très, le plus – surtout*
máximus, a, um : superlatif irrégulier de magnus
médicus, i, m. : *médecin*
médius, a, um : *qui est au milieu – le milieu de*
mehércule : *par Hercule !*
mélior, ius (comparatif irrég. de bonus) : *meilleur*
membrum, i, n. : *membre*
mémini, meminísse (parfait sans présent + GÉN.) : *garder le souvenir, se souvenir (de)*
memória, ae, f. : *mémoire, souvenir*
mens, mentis, f. : *intelligence, esprit, pensée, intention*
méntio, -ónis, f. : *mention*
méntior, íris, íri, ítus sum : *ne pas dire la vérité, mentir*
mercátor, -óris, m. : *marchand*
mercatúra, ae, f. : *négoce*
merces, -édis, f. : *salaire*
Mercúrius, -ii, m. : *Mercure*
merídies, -iéi, m. : *midi*
mérito : *avec raison*
métuo, is, ĕre, métui : *craindre, redouter*
metus, us, m. : *crainte*
meus, mea, meum : *mon, le mien*
miles, -itis, m. : *soldat*
mília, mílium : pluriel de mille
militáris, e : *militaire*
milítia, ae, f. : *métier de soldat, service militaire*
mille : *mille*
mínime : *le moins, très peu*
mínimus, a, um : superlatif irrég. de parvus
① **minor,** us : comparatif irrég. de parvus – minor natu : *le plus jeune, le cadet (de deux)*
② **minor,** áris, ári, átus sum : *menacer*
mínuo, is, ĕre : *diminuer, réduire*
minus : *moins*
mirábilis, e : *admirable, étonnant*
miráculum, i, n. : *prodige*
miror, áris, ári, átus sum (+ ACC.) : *s'étonner (de), admirer*
mirus, a, um : *étonnant, admirable*
mísceo, es, ére, míscui, mixtum : *mêler, mélanger, agiter, désorganiser, bouleverser*
miser, -era, -erum : *malheureux, misérable*
misérícors, -córdis : *compatissant*
mitto, is, ĕre, misi, missum : *envoyer*
módicus, a, um : *modéré*
modo : *seulement*
modus, i, m. : *manière, façon*
móllio, is, íre, ívi, ítum : *amollir*
mollis, e : *mou, tendre, doux*
Mona, ae, f. : *Mona* (île de Man actuelle)
móneo, es, ére, mónui, mónitum : *avertir, conseiller* – monére ut + SUBJ. : *avertir que, de, conseiller de*
mónitus, us, m. : *conseil*
mons, montis, m. : *hauteur, montagne*
monstrum, i, n. : *monstre*
mora, ae, f. : *retard*
morbus, i, m. : *maladie*
mórior, móreris, mori, mórtuus sum : *mourir* (participe futur irrégulier : moritúrus)
moror, áris, ári, átus sum : *tarder, s'attarder* – (+ ACC.) : *retarder*
mors, mortis, f. : *mort*
morsus, us, m. : *morsure*
mortális, e : *mortel*
mortífere : *mortellement*
mórtuus, a, um : *mort*
mos, moris, m. : *coutume, habitude* – pl. mores, morum : *les mœurs*
motus, us, m. : *mouvement, agitation*
móveo, es, ére, movi, motum : *mouvoir, déplacer, provoquer (un sentiment), émouvoir*
mox : *bientôt*
múlier, -eris, f. : *femme*
multi, ae, a : *nombreux, beaucoup (de)* – (comparatif : plures, a – superl. : plúrimi, ae, a)
multitúdo, -inis, f. : *foule, multitude*
multo (devant un comparatif, ante, post) – multum (dans les autres cas) : *beaucoup*
mulus, i, m. : *mulet*
mundus, i, m. : *l'univers, la voûte céleste*
múniceps, -ipis, m. : *compatriote*
múnio, is, íre, ívi (ii), ítum : *fortifier, protéger*
munítio, -ónis, f. : *retranchement, fortification*
munus, -eris, n. : *fonction, charge – cadeau – jeu public, combat de gladiateurs*
murus, i, m. : *mur*
muto, as, áre : *changer, changer de*
mútuus, a, um : *mutuel*

N

nam : *en effet, car*
nascor, eris, nasci, natus sum : *naître*
nátio, -ónis, f. : *nation, peuple*
nato, as, áre : *nager*
natúra, ae, f. : *nature*
natus, a, um : *né* – + ACC. : *âgé de*
naufrágium, -ii, n. : *naufrage*
navis, is, f. : *bateau, navire*
① **ne :** adv. de négation : *ne... pas* (défense, souhait, regret) – ne... quidem : *ne... pas même, ne... pas non plus* 2. conj. de sub. + SUBJ. : a) *que... ne... pas* b) *que... ne* (après les verbes de crainte) – c) *pour que... ne pas, afin que... ne pas, de peur que* (but)
② **-nĕ... ? :** (particule interrogative – se soude au mot sur lequel porte la question, qui est obligatoirement placé en tête de proposition : *est-ce que... ?* [interr. directe] – + SUBJ. : *si* [interr. indirecte])

nec (neque) : *et... ne... pas* – nec... nec (neque... neque) : *ni... ni* – neque ullus : *et aucun... ne* – neque... unquam : *et ne... jamais* – nec quisquam : *et personne... ne* – nec quidquam (quicquam) : *et rien... ne*
necessário : *forcément*
necésse est (+ INF.) : *il est nécessaire (de)*
néglego, is, ĕre, negléxi, negléctum : *négliger*
nego, as, áre (+ PR. INF.) : *dire que... ne... pas, refuser*
negótium, -ii, n. : *affaire (personnelle, politique, commerciale)*
nemo : *personne... ne*
nequam (adj. de forme invariable) : *scélérat*
neque = nec
Nero, -ónis, m. : *Néron*
néscio, is, íre, -scívi (-scii), -scítum : *ne pas savoir*
nex, necis, f. : *mort, mise à mort*
nidus, i, m. : *nid*
nihil : *rien... ne*
nímius, a, um : *trop grand, excessif*
nisi : *si... ne... pas – si ce n'est, excepté, sauf*
nóbilis, e : *noble, connu*
nobílitas, -átis, f. : *noblesse*
nóceo, es, ére, ui, itum (+ DAT.) : *nuire (à)*
nodus, i, m. : *jointure*
nolo, non vis, nolle, nólui : *ne pas vouloir* – noli, nolíte + INF. : sert à exprimer la défense
nomen, -inis, n. : *nom, renom*
nómino, as, áre : *nommer, appeler*
non : *ne... pas, non* – non tantum (solum, modo)... sed (verum) étiam : *non seulement... mais encore*
nondum : *ne... pas encore*
nonne... ? : *est-ce que... ne... pas ?*
nonnúlli, ae, a : *quelques-uns, quelques*
nonnúmquam : *quelquefois, parfois*
nos : *nous*
nóscito, as, áre : *reconnaître*
nosco, is, ĕre, novi, notum : *apprendre à connaître* – parfait novi, novísse : *connaître, savoir*
noster, -tra, -trum : *notre, le nôtre*
notítia, ae, f. : *connaissance*
novíssime : *dernièrement, tout récemment*
novo, as, áre : *renouveler*
novus, a, um : *nouveau* – res novae, rerum novárum : *changement politique, révolution* – novíssimus, a, um : *le dernier, la fin de*
nox, noctis, f. : *nuit*
nóxia, ae, f. : *faute, délit*
nudus, a, um : *nu, dépouillé*
nullus : *aucun... ne* – non nulli ou nonnúlli, ae, a : *quelques-uns, quelques*
num... ? : *est-ce que (par hasard)... ?*
numen, -inis, n. : *volonté divine*
númerus, i, m. : *nombre*
nummus, i, m. : sg. : *denier, sesterce* – pl. : *de l'argent*
numquam (nunquam) : *ne... jamais*
nunc : *maintenant*
núndinae, árum, f. pl. : *marché*
núntio, as, áre : *annoncer*
núntius, -ii, m. : *messager – message, nouvelle*
nuper : *récemment*

O

o : *ô*
ob + ACC. : *à cause de*
objício, is, ĕre : *lancer*
obléсto, as, áre : *amuser* – se oblectáre : *se distraire*
oblivíscor, eris, i, oblítus sum (+ GÉN., parfois + ACC.) : *oublier*
obnóxius, a, um (+ DAT.) : *exposé (à)*
óbruo, is, ĕre : *enfouir*
obses, -idis, m. : *otage*
obsídeo, es, ére, -sédi, -séssum : *assiéger*
obsídio, ónis, f. : *siège*
obstipésco, is, ĕre, -stípui : *s'immobiliser, rester interdit*
obsto, as, áre, -stiti : *se dresser devant, faire obstacle*
óbstruo, is, ĕre : *barricader*
obsum, -es, -ésse, óbfui (+ DAT.) : *s'opposer (à), faire obstacle (à), nuire (à)*
obtéstor, áris, ári, átus sum (ut + SUBJ.) : *supplier (de)*
obtíneo, es, ére, -tínui, -téntum : *détenir*
óbvius, a, um : *(qui se trouve) sur le chemin*
óccidens, -ntis : 1. adjectif : *couchant* (sol óccidens : *le soleil couchant)* – 2. nom n. : *l'occident, le couchant*
occído, is, ĕre, -cídi, -císum : *tuer*
occísio, -ónis, f. : *meurtre*
óccupo, as, áre (+ ACC.) : *s'emparer de, occuper*
occúrro, is, ĕre, -cúrri, -cúrsum (+ DAT.) : *accourir (venir) à la rencontre (de), rencontrer*
Octávius, ii, m. : *Octave*
óculus, i, m. : *œil*
ódium, ii, n. : *haine*
odorátus, a, um : *parfumé*
óffero, -fers, -férre, óbtuli, oblátum : *porter au-devant de, présenter, offrir*
offícium, -ii, n. : *devoir, service rendu*
ólea, ae, f. : *olivier*
olim : *un jour, autrefois*
omen, óminis, n. : *présage*
omítto, is, ĕre, omísi, omíssum : *laisser de côté, laisser passer, négliger*
omníno : *entièrement, absolument, en tout et pour tout*
omnis, e : *tout*
onus, óneris, n. : *charge, fardeau*
ópera, ae, f. : *activité, travail, aide* – óperam dare : 1. + DAT. : *s'appliquer à* – 2. ut + SUBJ. : *faire en sorte que, s'efforcer de*
ópifex, -ícis, m. : *artisan, artiste*
opínio, -ónis, f. : *réputation*
opípare : *somptueusement*
opórtet, oportére, opórtuit : *il faut*
óppidum, i, n. : *place forte*
opportúnitas, -átis, f. : *propriété, avantage, opportunité*
opportúnus, a, um : *opportun, approprié (à)*
ópprimo, is, ĕre, oppréssi, oppréssum : *écraser*
oppugnátio, -ónis, f. : *attaque, siège*
oppúgno, as, áre : *attaquer, assiéger*
(*ops), opis, f. : *pouvoir, aide, secours* – pl. opes, um : *ressources, richesses, puissance*
óptimus, a, um : (superlatif irrég. de bonus) : *le meilleur, très bon*

opto, as, áre (ut + SUBJ.) : *souhaiter (que, de)*
opus, óperis, n. : *ouvrage* – mihi opus est : *j'ai besoin* (+ ABL. : *de qque ch.* – + INF. : *de* + INF.)
orátio, -ónis, f. : *discours* – oratiónem habére : *faire un discours*
orbis, is, m. : *cercle* – orbis terrárum : *(l'ensemble de) la terre*
órbitas, -átis, f. : *deuil*
ordo, -inis, m. : *rang (place dans la société – rangée, ligne) – ordre (classe sociale – bon ordre, succession)*
orígo, -inis, f. : *origine*
órior, [-íris], oríri, ortus sum : *se lever, tirer son origine, commencer* – sol óriens ou óriens, -ntis : *le soleil levant, l'orient*
ornaméntum, i, n. : *ornement*
oro, as, áre (ut + SUBJ.) : *prier (que, de)*
os, oris, n. : *bouche, visage*
ósculum, i, n. : *baiser*
osténdo, is, ěre, osténdi, osténtum : *montrer*
Otho, -ónis, m. : *Othon*
ótium, -ii, n. : *absence d'activité politique, loisir, oisiveté*
ovis, is, f. : *brebis*

P

pabulátio, -ónis, f. : *action d'aller au fourrage, fourrage*
pábulum, i, n. : *fourrage*
paco, as, áre : *pacifier*
paene : *presque*
paénula, ae, f. : *manteau*
pagus, i, m. : 1. *bourg, village* – 2. *canton* (en Gaule et en Germanie)
palam : *ouvertement, en public*
palma, ae, f. : *paume – main*
palus, -údis, f. : *marécage, marais*
panis, is, m. : *pain*
pannus, i, m. : *casaque*
par, paris (+ DAT.) : *égal (à), pareil (à)*
parco, is, ěre, pepérci, parsum (+ DAT.) : *épargner*
parens, -ntis, m./f. : *père, mère* – paréntes, um, m. pl. : *les parents*

páreo, es, ére (+ DAT.) : *obéir (à)*
páriter : *en même temps*
paro, as, áre, ávi, átum : *préparer*
pars, partis, f. : *partie, part*
Parthi, órum, m. pl. : *les Parthes* (peuple de la Perse)
pártio, is, íre, ívi (ii), ítum : *répartir* – partítis tempóribus (Cés.) : *les heures de service étant réparties*
parum : *peu, trop peu*
párvulus, a, um : *tout petit*
parvus, a, um : *petit* – (comparatif : minor, us – superl. : mínimus, a, um)
passus, us, m. : *pas* (1,50 m)
pastor, -óris, m. : *berger*
páteo, es, ére, ui : 1. *être ouvert* – 2. *s'étendre*
pater, -tris, m. : *père* – Patres : *les sénateurs*
patiéntia, ae, f. : *endurance*
pátior, páteris, pati, passus sum : *souffrir, supporter, permettre*
pátria, ae, f. : *patrie*
pauci, ae, a : *peu nombreux, peu de*
paulátim : *peu à peu*
paulo : *un peu* (devant un comparatif) – paulo ante : *peu avant* – paulo post : *peu après*
paulum : *peu – (un) peu de*
pauper, -eris : *pauvre*
paupértas, -átis, f. : *pauvreté*
páveo, es, ére, pavi : *avoir peur, être épouvanté*
pax, pacis, f. : *paix*
peccátum, i, n. : *faute*
pectus, -oris, n. : *poitrine*
pecúnia, ae, f. : *argent*
pecus, oris, n. : *bétail, troupeau*
pedéster, -tris, -tre : *à pied, pédestre*
péjero, as, áre : *faire un faux serment*
pejor, pejus : comparatif irrég. de malus : *pire, plus méchant, plus mauvais*
pélagus, i, n. : *la haute mer, la mer*
pellis, is, f. : *peau*
pello, is, ěre, pépuli, pulsum : *pousser, repousser, chasser*
pendo, is, ěre, pepéndi, pensum : 1. *suspendre, peser* – 2. *payer* (à l'origine, en pesant le métal)

penna, ae, f. : *plume, aile*
pepéndi : parfait de pendo
per + ACC. : *à travers, par, pendant – par l'intermédiaire de*
perágro, as, áre : *sillonner, parcourir*
perangústus, a, um : *très resserré*
percípio, is, ěre, -cépi, -céptum : *attraper*
percrebrésco, is, ěre, -brui : *se répandre partout*
perdo, is, ěre, -didi, -ditum : *perdre (faire une perte – causer la perte de)*
perdúco, is, ěre, -dúxi, -dúctum : *conduire, amener*
peregrinátio, -ónis, f. : *voyage*
peregrínus, a, um : *étranger – migrateur*
péreo, -is, -íre, périi, péritum : *mourir, périr*
perexíguus, a, um : *très petit, très faible*
pérfero, -fers, -férre, -tuli, -látum : 1. : *porter (jusqu'au bout)* – 2. *endurer, supporter* – 3. *répandre (une nouvelle)*
perfício, is, ěre, -féci, -féctum : *achever, accomplir*
pérfuga, ae, m. : *déserteur, transfuge*
pergo, is, ěre, perréxi, perréctum : *continuer (son chemin)*
perículum, i, n. : *danger, péril*
pérlego, is, ěre : *lire (jusqu'au bout)*
permágnus, a, um : *très grand*
permáneo, es, ére : *rester, subsister*
permítto, is, ěre, -mísi, -míssum : *confier, permettre*
permíxtus, a, um : *mélangé, brassé*
permóveo, es, ére, -móvi, -mótum : *émouvoir violemment, bouleverser*
perpétuus, a, um : *ininterrompu, éternel*
Persa, ae, m. : *un Perse*
persóna, ae, f. : *rôle, personnage*
persuádeo, es, ére, -suási, -suásum (+ DATIF) : *persuader (qqu'un)*
pertérebro, as, áre : *percer, perforer*
pertérreo, es, ére, -ui, -itum : *épouvanter, terrifier*
pertíneo, es, ére, pertínui, perténtum (ad + ACC.) : *toucher (à), appartenir (à), concerner*

pertúrbo, as, áre : *troubler, bouleverser*

pervénio, is, íre, -véni, -véntum : *parvenir, arriver*

pervérto, is, ĕre : *renverser*

pes, pedis, m. : *pied*

péssimus, a, um (superlatif irrég. de malus) : *le pire, très (le plus) méchant, très (le plus) mauvais*

peto, is, ĕre, ívi (ii), ítum : *se diriger vers, gagner* (un lieu) – *demander, chercher à obtenir, briguer* (une charge, une magistrature) – pétĕre ab + ABL. : *demander à quelqu'un* – pétĕre ut + SUBJ. : *demander que, de*

phalanx, -ángis, f. : *phalange* (formation de combat des Macédoniens)

Pharsálus, i, f. : *Pharsale* (ville de Thessalie, au nord de la Grèce)

philósophor, áris, ári : *être philosophe*

pica, ae, f. : *pie*

piscátor, -óris, m. : *pêcheur*

piscis, is, m. : *poisson*

piscor, áris, ári, átus sum : *pêcher*

Piso, ónis, m. : *Pison*

pix, picis, f. : *poix*

pláceo, es, ére, ui, itum (+ DAT.) : *plaire (à)*

placo, as, áre : *apaiser, attendrir*

plebs, -bis, f. : *plèbe*

plenus, a, um (+ GÉN., parfois + ABL.) : *plein (de)*

pleríque, pleraéque, pleráque : *la plupart (de)*

plerúmque : *le plus souvent*

plures, a – plúrimi, ae, a : comparatif et superl. irrég. de multi

póculum, i, n. : *coupe*

poena, ae, f. : *peine, châtiment* – poenas dare : *être puni*

Poenus, i, m. : *Carthaginois*

poéta, ae, m. : *poète*

pollex, -icis, m. : *pouce*

pollíceor, éris, éri, pollícitus sum + PROP. INF. : *promettre*

pollicitátio, -ónis, f. : *promesse*

Pompéius, -ii, m. : *Pompée*

pondus, eris, n. : *poids*

pono, is, ĕre, pósui, pósitum : *placer, poser, installer*

pons, pontis, m. : *pont*

pontus, i, m. : *mer, haute mer* – Pontus, i, m. : 1. *le Pont-Euxin* (mer Noire actuelle) – 2. *le Pont* (royaume sur les bords du Pont-Euxin)

pópulus, i, m. : *peuple*

porta, ae, f. : *porte*

pórticus, us, f. : *portique*

portus, us, m. : *port*

posco, is, ĕre, popósci (ab) : *réclamer (à qqu'un)*

possídeo, es, ére : *posséder*

possum, potes, posse, pótui : *pouvoir*

post + ACC. : *après, derrière* – adv. : *puis, après*

pósterus, a, um : *suivant* – pósteri, órum, m. pl. : *les descendants, la postérité* – postérior, ius : *le dernier (de deux), suivant, postérieur*

postquam : *après que* (+ INDICATIF)

postrémus, a, um : *le dernier, la fin de*

postrídie : *le lendemain*

póstulo, as, áre (ab áliquo ut + SUBJ.) : *demander, réclamer à qqu'un de (que)*

potens, -ntis : *puissant*

poténtia, ae, f. : *puissance*

potéstas, -átis, f. : *puissance, pouvoir, possibilité*

potíssimum : *de préférence, par-dessus tout*

pótius (... quam) : *plutôt (... que)*

praébeo, es, ére, ui, itum : *présenter, offrir* – se praebére (+ attribut à l'acc.) : *se montrer*

praecédo, is, ĕre : *avancer devant, surpasser*

praecéptor, -óris, m. : *maître, professeur*

praecéptum, i, n. : *prescription, recommandation, précepte, leçon*

praecípio, is, ĕre, -cépi, -céptum (ut + SUBJ.) : *recommander (de), prescrire*

praeda, ae, f. : *butin, proie*

praédico, is, ĕre : *prédire, ordonner*

praedíctio, -ónis, f. : *prédiction*

praedo, ónis, m. : *pirate*

praefício, is, ĕre (+ DAT.) : *mettre à la tête (de)*

praémium, -ii, n. : *récompense, avantage*

praenómen, -inis, n. : *prénom*

praepóno, is, ĕre : *placer au premier rang*

praesértim : *surtout*

praesídium, -ii, n. : *protection, garnison*

praesto, as, áre, -stiti, -státum : *montrer, fournir*

praesum, -es, -ésse, praéfui (+ DAT.) : *commander (à), présider (à)*

praeter + ACC. : *en plus de – excepté, sauf*

praetérea : *de plus, en outre*

praetor, -óris, m. : *chef* – à Rome : *préteur*

praetórius, a, um : *du préteur* – vir praetórius : *un ancien préteur*

pratum, i, n. : *pré, prairie*

pravus, a, um : *mauvais*

preces, um, f. pl. : *prières*

precor, áris, ári, átus sum : *prier*

premo, is, ĕre, pressi, pressum : *presser, serrer de près, accabler*

pretiósus, a, um : *précieux*

prétium, -ii, n. : *prix, rançon*

prídie : *la veille*

primo : *d'abord*

primum : *d'abord, pour la première fois* – ubi primum, ut primum : *dès que*

primus, a, um : *premier*

princeps, -ipis, m. : *premier citoyen, chef, notable – prince, empereur* (sous l'Empire)

principátus, us, m. : *premier rang, suprématie, principat*

prior, -óris : *le premier (de deux), antérieur, précédent*

prístinus, a, um : *ancien*

priúsquam : 1. + INDIC. : *avant le moment où* – 2. + SUBJ. : *avant que, en attendant que*

privátus, a, um : *privé*

pro + ABL. : *devant, à la place de, pour, en fonction de*

probátus, a, m. : *estimé*

probo, as, áre : *approuver*

procédo, is, ĕre, -céssi, -céssum : *s'avancer – aboutir, réussir*

procul (ab + ABL.) : *loin (de)* – haud procul (ab) : *non loin (de)*

procúmbo, is, ĕre : *se coucher*

procúro, as, áre : *s'occuper de*

prodo, is, ĕre, pródidi, próditum : 1. *dévoiler* – 2. *livrer*

prodúco, is, ĕre, -dúxi, -dúctum : *prolonger*

proélium, -ii, n. : *combat*

profícíscor, eris, proficísci, proféctus sum : *partir*

progrédior, eris, i, progréssus sum : *s'avancer*
prohíbeo, es, ére, ui, itum (ab) : *tenir loin (de), écarter (de)* – + INF., PROP. INF., ne + SUBJ. : *empêcher de (que)*
projício, is, ĕre, -jéci, -jéctum : *jeter en avant, jeter à terre*
proles, is, f. : *descendance, famille*
promítto, is, ĕre, -mísi, -míssum : *promettre*
prope, prép. + ACC. : *près de* – adv. : *près – à peu près*
própero, as, áre : *se hâter*
propínquitas, -átis, f. : *proximité*
propínquus, a, um : *proche* (comparatif : própior – superl. : próximus) – propínqui, órum, m. pl. : *les proches parents*
própior, ius : comparatif irrég. de propínquus
propósitum, i, n. : *affirmation*
próprius, a, um : *qui appartient en propre, propre, particulier*
propter + ACC. : *à cause de*
proptérea : *pour cette raison* – proptérea... quod : *parce que*
prorúmpo, is, ĕre : *jaillir*
prósequor, eris, i : *poursuivre*
prospérus, a, um : *heureux, prospère*
prosum, prodes, prodésse, prófui (+ DAT.) : *être utile (à)*
prótinus : *droit devant soi – immédiatement après, aussitôt*
província, ae, f. : *province*
próximus, a, um : superl. irrég. de propínquus
prudens, -ntis : *prévoyant, avisé, prudent*
psíttacus, i, m. : *perroquet*
públicus, a, um : *public* – res pública, rei públicae : *État, vie politique, affaires publiques*
puélla, ae, f. : *jeune fille*
puer, púeri, m. : *enfant, garçon* (7 à 17 ans)
puerílis, e : *d'enfant*
pueritia, ae, f. : *enfance* – a pueritiā : *depuis l'enfance*
pugilláres, ium, m. pl. : *tablettes (pour écrire)*
pugna, ae, f. : *bataille, combat*
pugno, as, áre (cum + ABL.) : *combattre (contre)*
pulcher, -chra, -chrum : *beau*
pulchritúdo, -inis, f. : *beauté*
púnio, is, íre, ívi (ii), ítum : *punir*
purgo, as, áre : *nettoyer*
púteus, i, m. : *puits, citerne*
puto, as, áre : *penser* – + PROP. INF. : *penser que*

Q

quā (interrogatif et relatif) : *par où*
quācúmque : *partout où*
quaero, is, ĕre, quaesívi, quaesítum : *chercher – demander* (ab ou ex + ABL. : *à qqu'un)*
quaeso : *je t'en prie, s'il te plaît*
quaéstio, -ónis, f. : *enquête judiciaire* – quaestiónem habére de áliquo : *soumettre qqu'un à la question*
quaestus, us, m. : *gain*
qualis, e : *quel (quelle sorte de) ?* – talis, e... qualis, e : *tel... que*
quam : après tam, magis ou un comparatif : *que* – interrogatif-exclamatif avec un adj. ou un adv. : *combien, comme, que* – + superlatif : *le plus... possible*
quámdiu : *combien de temps ?*
quamquam = quanquam
quamvis (+ adj. ou adv.) + SUBJ. : *quelque... que, si... que, tout... que*
quando ? : *quand ?*
quanquam + INDIC. : *bien que, quoique*
quantum (+ verbe) : *combien, comme, que*
quantus, a, um : *quel (de quelle grandeur) ?* tantus, a, um... quantus, a, um : *aussi grand... que*
quare : 1. *pourquoi ?* – 2. *c'est pourquoi*
quasi : *comme, pour ainsi dire comme si*
quátio, is, ĕre, –, quassum : *secouer, agiter*
-que : *et*
quemadmódum : *de même que*
queréla, ae, f. : *plainte*
queror, eris, queri, questus sum (+ ACC.) : *se plaindre (de)*
qui, quae, quod : pronom relatif : *qui* – adj. interr. : *quel ?* – adj. indéf. : *quelque*
quia : *parce que*
quicúmque, quaecúmque, quodcúmque : *tout homme qui, quiconque, tous ceux qui* – n. : *tout ce qui*
① **quidam,** quaedam, quiddam : pron. indéf. : *un certain homme, quelqu'un, quelque chose*
② **quidam,** quaedam, quoddam : adj. indéf. : *un certain, un*
quidem : *certes, assurément, bien sûr* – ne... quidem : *ne... pas même*
quies, -étis, f. : *repos*
quiésco, is, ĕre, quiévi, quiétum : *se reposer*
quin étiam : *bien plus, et même*
① **quis,** quae, quid : pron. interr. : *qui, lequel ?*
② **quis,** quae (qua), quid : pron. indéf. après si, nisi, ne, num, cum, dum pour áliquis : *quelqu'un, quelque chose*
quisquam, quidquam (quicquam) : *quelqu'un, quelque chose* (s'emploie dans des phrases négatives : nec quisquam : *et personne... ne* – nec quidquam [quicquam] : *et rien... ne)*
quisque, quaeque, quidque (adj. : quodque) : *chacun, chaque* – quisque + superlatif : *[tous] les plus...*
quo (interrogatif ou relatif) : *où*
quod : *parce que*
quómodo ? : *comment ?*
quondam : *un jour, autrefois, jadis*
quóniam : *puisque*
quoque : *aussi* (se place après le mot qu'il souligne)
quot (= quam multi) : *combien de ? (en quel nombre ?)* – tot... quot : *aussi nombreux... que*
quotídie : *chaque jour*
quótiens : *toutes les fois que*
quoúsque : *jusqu'à quand*

R

ramus, i, m. : *branche*
rana, ae, f. : *grenouille*
rápio, is, ĕre, rápui, raptum : *emporter, enlever*
rátio, -ónis, f. : *compte, méthode, manière, raison* – ratiónem habére + GÉN. : *tenir compte de*

recédo, is, ĕre, -céssi, -céssum : *se retirer*
recípio, is, ĕre, -cépi, -céptum : *reprendre, retirer, recevoir* – se recípĕre : *se retirer, se replier, battre en retraite*
récito, as, áre : *lire à haute voix*
reclíno, as, áre : *incliner, pencher*
recóndo, is, ĕre, -didi, -ditum : *replacer, remettre*
recórdor, áris, ári, átus sum : *se souvenir*
récreo, as, áre : *ranimer*
reddo, is, ĕre, réddidi, rédditum : *rendre*
rédeo, -is, -íre, -ii, -itum : *revenir*
redúco, is, ĕre, -dúxi, -dúctum : *ramener en arrière*
réfero, refers, reférre, rétuli (réttuli), relátum : *porter de nouveau, reporter, rapporter, faire un rapport* (de + ABL. : *sur qque chose)*
refício, is, ĕre, -féci, -féctum : *refaire*
refréno, as, áre : *arrêter, réfréner*
régio, -ónis, f. : *contrée, région*
régius, a, um : *royal, de roi*
regnum, i, n. : *royaume, règne, royauté*
rego, is, ĕre, rexi, rectum : *diriger*
relígio, ónis, f. : *scrupule (religieux), sentiment religieux*
relínquo, is, ĕre, relíqui, relíctum : *laisser, quitter, abandonner*
réliquus, a, um : *restant, le reste de* – réliqui : *les autres, le reste*
rémeo, as, áre : *revenir*
remígium, -ii, n. : *rames, ailes*
remíssus, a, um : *atténué*
renídeo, es, ére : *briller, rayonner*
renúntio, as, áre : *rapporter*
reor, reris, reri, ratus sum : *penser, croire*
repénte : *soudain*
repentínus, a, um : *soudain, subit, imprévu*
repério, is, íre, réperi (répperi), repértum : *trouver*
répeto, is, ĕre, -petívi, -petítum : *se diriger de nouveau vers, regagner – réclamer, recouvrer*
reprehéndo, is, ĕre, reprehéndi, reprehénsum : *critiquer, blâmer*
réprimo, is, ĕre, -préssi, -préssum : *réprimer*
repúdio, as, áre : *repousser, refuser, répudier*
requíro, is, ĕre, -quisívi, -quisítum : *rechercher*
res, rei, f. : *chose, affaire, bien* – pluriel : *les biens, la fortune* – respública (res pública), reipúblicae : *État, vie politique, affaires publiques* – res novae, rerum novárum : *changement politique, révolution*
rescíndo, is, ĕre : *couper*
réscio, is, íre, ii, ítum : *apprendre*
résido, is, ĕre, resédi, reséssum : *s'asseoir*
resísto, is, ĕre, réstiti : *s'arrêter* – (+ DAT.) : *résister (à)*
respício, is, ĕre, -spéxi, -spéctum : *regarder en arrière, rétrospectivement*
respóndeo, es, ére, respóndi, respónsum : *répondre* – + PROP. INF. : *répondre que*
restínguo, is, ĕre, -stínxi, -stínctum : *éteindre*
restítuo, is, ĕre, restítui, restitútum : *rétablir, restituer*
retíneo, es, ére, retínui, reténtum : *retenir, garder*
retro : *derrière*
reus, rei, m. : *accusé*
revértor, revérteris, revérti : *retourner*
révoco, as, áre : *rappeler*
rex, regis, m. : *roi*
Rhaétia, ae, f. : *la Rhétie* (partie de la Suisse actuelle)
Rhenus, i, m. : *le Rhin*
Rhódanus, i, m. : *le Rhône*
rídeo, es, ére, risi, risum : *rire*
rivus, i, m. : *ruisseau*
rogo, as, áre : *demander* – rogáre ut + SUBJ. : *demander que*
Roma, ae, f. : *Rome*
Románus, a, um : *romain* – Románi, órum, m. pl. : *les Romains*
rosa, ae, f. : *rose*
rostrum, i, n. : *bec*
Rúbico, -ónis, m. : *le Rubicon* (fleuve côtier formant la limite entre la Gaule cisalpine et l'Italie)
rursus : *à nouveau, de nouveau*
rus, ruris, n. : *campagne* – ruri (locatif) : *à la campagne*

S

Sabíni, órum, m. pl. : *les Sabins* (peuple voisin du Latium)
sacer, -cra, -crum : *sacré*
sacérdos, -ótis, m. : *prêtre*
sacrum, i, n. : 1. *objet sacré* – 2. *sacrifice, cérémonie religieuse, culte*
saepe : *souvent*
saevus, a, um : *cruel*
saga, ae, f. : *magicienne, sorcière*
sagittárius, -ii, m. : *archer*
Salássi, órum, m. pl. : *les Salasses* (habitants d'une région des Alpes, aujourd'hui val d'Aoste)
sálio, is, íre, sálui, saltum : *sauter*
saltus, us, m. : *pâturage de montagne*
salus, -útis, f. : *salut* (aux sens de : *vie sauve / salutation)*
salutátor, -óris, m. : *diseur de saluts, complimenteur*
salúto, as, áre : *saluer*
sanguis, -inis, m. : *sang*
sápiens, -ntis : *sage*
sapiéntia, ae, f. : *sagesse*
sátio, as, áre : *rassasier*
satis (+ GÉN.) : *assez (de)*
saxum, i, n. : *rocher*
scelus, -eris, n. : *crime*
scio, scis, scire, scivi, scitum : *savoir* – + PROP. INF. : *savoir que*
scribo, is, ĕre, scripsi, scriptum : *écrire* – + PROP. INF. : *écrire que*
scrutor, áris, ári : *fouiller*
Scythae, árum, m. : *les Scythes*
se : *se, soi, lui, elle, eux, elles*
secéssus, us, m. : *départ, éloignement*
seco, as, áre, sécui, sectum : *couper*
secúndus, a, um : *second, deuxième*
sed : *mais*
sédeo, es, ére, sedi, sessum : *être assis, siéger*
sedes, is, f. : *siège, séjour*
sedítio, -ónis, f. : *sédition*
seges, -etis, f. : *moisson*
Segusiávi, órum, m. pl. : *les Ségusiaves* (peuple de Gaule celtique : région de la Basse-Saône)
semel : *une fois*
seméntis, is, f. : *semailles*

semper : *toujours*
senátor, -óris, m. : *sénateur*
senátus, us, m. : *sénat*
Séneca, ae, m. : *Sénèque*
senésco, is, ĕre, sénui : *vieillir*
senex, senis, m. : *vieillard*
senílis, e : *de vieillard*
sénior : *le plus âgé (de 2)* – senióres : *les plus âgés* (45-60 ans), *la réserve*
senténtia, ae, f. : *opinion, avis, sentence*
séntio, is, íre, sensi, sensum : *sentir, être d'avis*
separátim : *séparément*
septéntrio, -ónis, f., généralement au pl. : *le septentrion, les contrées septentrionales*
Séquana, ae, m. : *la Seine*
Séquani, órum, m. pl. : *les Séquanes* (peuple de Gaule celtique : région de la Saône)
sequor, séqueris, sequi, secútus sum : *suivre, poursuivre*
sério : *sérieusement*
sermo, -ónis, m. : *conversation, langue*
sero, is, ĕre : *semer*
serpens, -ntis, f. : *serpent*
sérvio, is, íre, ívi (ii), ítum (+ DAT.) : *être l'esclave (de)*
sérvitus, -útis, f. : *esclavage, servitude*
servo, as, áre : *observer, préserver, conserver, sauver*
servus, i, m. : *esclave*
sese – se
seu = sive
si : *si*
sic : 1. *ainsi* – 2. sic... ut + INDIC. : *de même que, ainsi que, comme* – ut + INDIC. ... sic : *de même que... de même* – 3. sic... ut + SUBJ. : *de telle sorte... que*
siccus, a, um : *sec*
sicut : *de même que, ainsi que, comme*
sidus, eris, n. : *astre*
significátio, -ónis, f. : *indication*
signo, as, áre : *sceller*
signum, i, n. : *signe, signal* – *statue* – *enseigne (militaire)*
silva, ae, f. : *forêt, bois*
símilis, e (+ DAT.) : *semblable (à)*
similitúdo, -inis, f. : *ressemblance, similitude*
Simónides, is, m. : *Simonide*
simul : *ensemble, en même temps* – simul atque (simul ac) : *dès que*
simulácrum, i, n. : *statue*
sin : *si au contraire, mais si*
sine + ABL. : *sans*
singuláris, e : *unique, extraordinaire*
singuli, ae, a : *un par un, un à un, chaque*
sisto, is, ĕre, stiti, statum : *se poser*
sítio, is, íre, ívi, ítum : *avoir soif*
sitis, is, f. (acc. : sitim) : *soif*
sive... sive (seu... seu) : *soit que... soit que, que... ou que*
socíetas, -átis, f. : *alliance*
sócius, -ii, m. : *allié*
Sócrates, is, m. : *Socrate*
sol, solis, m. : *soleil*
solácium, -ii, n. : *consolation*
sóleo, es, ére, sólitus sum (+ INF.) : *avoir l'habitude (de)*
sólidus, a, um : *massif*
solitúdo, -inis, f. : *lieu inhabité, désert, solitude*
sollicitúdo, -inis, f. : *inquiétude*
solum : *seulement*
solus, a, um : *seul*
solvo, is, ĕre, solvi, solútum (+ ABL.) : *délier, détacher (de)* – *payer*
somnus, i, m. : *sommeil*
soror, -óris, f. : *sœur*
Sparta, ae, f. : *Sparte*
spátium, -ii, n. : *espace*
spécies, speciéi, f. : *aspect, apparence*
specto, as, áre : *regarder, observer*
spero, as, áre : *espérer*
spes, spei, f. : *espoir, espérance*
spinósus, a, um : *épineux*
spíritus, us, m. : *souffle, vie*
sponte meā (luā, suā) : *de mon (ton, son) propre mouvement, spontanément*
stagnum, i, n. : *étang*
statim : *aussitôt, sur-le-champ*
státuo, is, ĕre, státui, statútum : *établir, placer, décider* – + INF. : *décider de* – ut + SUBJ. : *décider que*
stella, ae, f. : *étoile*
sto, stas, stare, steti, statum : *être debout, se tenir debout*
stómachor, áris, ári : *s'irriter, se mettre en colère*
stringo, is, ĕre, strinxi, strictum : *dégaîner*
stúdeo, es, ére, ui + DAT. : *s'appliquer à, avoir du goût pour* – *étudier*
stúdium, -ii, n. : *application, goût, ardeur* – *passion, attachement, sympathie*
stultus, a, um : *sot*
suádeo, es, ére, suási, suásum (ut + SUBJ.) : *conseiller (de)*
sub + ACC. (lieu où l'on va) ou ABL. (lieu où l'on est) : *sous*
súbeo, -is, -íre, -ii, -itum : *aller sous, s'approcher (de), affronter, subir*
súbito : *soudain, subitement*
súblevo, as, áre : *soulever* – *aider*
subminístro, as, áre : *fournir*
súbsequor, eris, i, -secútus sum : *suivre de près*
subsídium, -ii, n. : *soutien*
succédo, is, ĕre, succéssi, succéssum : *succéder*
succéndo, is, ĕre, -di, -sum : *mettre le feu, incendier*
succéssor, -óris, m. : *successeur*
succúrro, is, ĕre (+ DAT.) : *venir au secours (de)*
suffício, is, ĕre, sufféci, sufféctum : *suffire*
suffrágium, -ii, n. : *suffrage*
Sulla, ae, m. : *Sylla*
sum, es, esse, fui : *être* – en tête de phrase : *il y a* – + DAT. : *avoir*
summa, ae, f. : *la place la plus haute, l'essentiel, la totalité*
summus, a, um : *le plus haut, très haut, le plus grand, très grand, suprême* – *le sommet de*
sumo, is, ĕre, sumpsi, sumptum : *saisir, prendre, se charger de* – tempus súmĕre : *fixer le moment*
sumptuósus, a, um : *somptueux, coûteux*
sumptus, us, m. : *dépense, frais*
supérbia, ae, f. : *orgueil*
supérbus, a, um : *orgueilleux*
supérior, ius : *supérieur, antérieur*
súpero, as, áre : *surpasser, vaincre*
supérsum, -es, -ésse, -fui (+ DAT.) : *survivre (à), subsister*
súppeto, is, ĕre, ívi (ii), ítum : *être en quantité suffisante*
supplícium, -ii, n. : *supplice, mort violente*
supra + ACC. : *au-dessus de* – adv. : *plus haut, ci-dessus*
suprémus, a, um : *le plus haut, le plus grand, suprême* – *le*

haut de

surgo, is, ĕre, surréxi, surréctum : *se lever, s'élever, grandir*

suscípio, is, ĕre, -cépi, -céptum : *se charger de, entreprendre, concevoir*

súscito, as, áre : *susciter*

① **suspício,** -ónis, f. : *soupçon*

② **suspício,** is, ĕre, -spéxi, -spéctum : *regarder de bas en haut, admirer*

súspicor, áris, ári, átus sum (+ PROP. INF.) : *soupçonner (que)*

sustíneo, es, ére, -tínui, -téntum : *soutenir, résister à*

sutor, -óris, m. : *cordonnier, savetier*

suus, a, um : *son, sa, ses, leur, leurs – le sien, la sienne, le leur, les leurs*

T

tabérna, ae, f. : *auberge*

tabésco, is, ĕre, tábui : *fondre*

táceo, es, ére, tácui, tácitum : 1. *se taire* – 2. *taire (qque ch.)*

tactus, a, um : part. parf. de tango

talis, e : *tel* – talis... ut + SUBJ. : *tel... que* (conséquence) – talis... qualis : *tel... que* (comparaison)

tam : *si, aussi, tellement* – tam... ut + SUBJ. : *si, tellement... que* (conséquence) – tam... quam : *aussi... que* (comparaison)

tamen : *cependant, pourtant*

tamquam (tanquam) : *comme, de même que, pour ainsi dire*

tandem : *enfin*

tango, is, ĕre, tétigi, tactum : *toucher*

tántulus, a, um : *si petit, si faible*

tantum : *seulement* – non tantum... sed (verum) étiam : *non seulement... mais aussi (encore)* – tantum... ut + SUBJ. : *tant, tellement, à tel point... que* (conséquence) – tantum... quantum : *autant... que* (comparaison)

tantus, a, um : *si grand, aussi grand* – tantus... ut + SUBJ. : *si grand... que* (conséquence) – tantus... quantus : *aussi grand... que* (comparaison)

tardo, as, áre : *retarder, ralentir*

taurus, i, m. : *taureau*

tectum, i, n. : *toit, maison*

tego, is, ĕre, texi, tectum : *couvrir* – tégĕre ab + ABL. : *protéger contre*

tellus, -úris, f. (poétique) : *la terre*

telum, i, n. : *arme (de jet), trait*

temperátus, a, um : *tempéré*

tempéstas, -átis, f. : 1. *temps, époque* – 2. *temps (beau* ou *mauvais)* – 3. *tempête*

templum, i, n. : *temple*

tempto, as, áre : *tenter, essayer, mettre à l'épreuve*

tempus, -oris, n. : *temps, époque, moment, circonstance* – tempus súmĕre : *fixer le moment*

téneo, es, ére, ténui, tentum : *tenir, détenir, maintenir, retenir, garder* – memóriā tenére (+ ACC.) : *garder (qque chose) en mémoire, garder le souvenir (de)*

tener, -era, -erum : *tendre*

tento = tempto

tenúitas, -átis, f. : *finesse*

tergum, i, n. : *dos*

terra, ae, f. : *terre*

térreo, es, ére, ui, itum : *effrayer*

testor, áris, ári, átus sum : *prouver*

Tíberis, is (acc. -im), m. : *le Tibre*

tímeo, es, ére, tímui : *craindre*

timor, -óris, m. : *crainte*

títubo, as, áre : *être hésitant*

tollo, is, ĕre, sústuli, sublátum : *lever, élever, soulever, enlever, supprimer*

torméntum, i, n. : *supplice*

tórqueo, es, ére, torsi, tortum : *tordre, torturer*

torus, i, m. : *lit*

tot : *si nombreux, tant de* – tot... ut + SUBJ. : *si nombreux... que* (conséquence) – tot... quot : *aussi nombreux... que, autant de... que de* (comparaison)

tótiens : *autant de fois, tant de fois* – tótiens... quótiens : *autant de fois... que*

totus, a, um : *tout, tout entier*

tracto, as, áre : *s'occuper de, traiter, manier*

trado, is, ĕre, trádidi, tráditum : *livrer, confier* – *transmettre, rapporter* – trádĕre + PROP. INF. : *rapporter que*

tradúco, is, ĕre, -dúxi, -dúctum (+ ACC. ou trans + ACC.) : *faire passer (au-delà de), amener*

trágula, ae, f. : *javelot*

traho, is, ĕre, traxi, tractum : *tirer, traîner*

trans + ACC. : *au-delà de*

tránseo, -is, -íre, -ii, -itum (+ ACC. ou per + ACC.) : *traverser, franchir, passer au-delà (de)*

tránsfero, -fers, -férre, -tuli, -látum : *transférer, transporter*

transfígo, is, ĕre, -fíxi, -fíxum : *transpercer*

transmarínus, a, um : *d'outremer*

tremo, is, ĕre, ui : *trembler*

trémulus, a, um : *tremblant*

tres, tria : *trois*

tribúnus, i, m. : *tribun*

tríbuo, is, ĕre, tríbui, tribútum : *attribuer*

tribútum, i, n. : *tribut, impôt*

triplex, -icis : *triple, sur trois rangs*

tristis, e : *triste*

Troja, ae, f. : *Troie*

tu : *toi, te*

túeor, éris, éri, túitus sum (ab + ABL.) : *protéger (contre)*

tum (tunc) : *alors* – cum... tum : *quand... alors* – tum... cum : *à l'époque où*

turba, ae, f. : *foule (désordonnée)*

túrbidus, a, um : *agité, trouble, boueux*

turbo, as, áre : *troubler, terrifier*

turpis, e : *honteux*

turris, is, f. : *une tour*

tutus, a, um : *protégé, sûr, en sécurité*

tuus, a, um : *ton, le tien*

U

ubi : 1. adv. interrogatif ou relatif : *où* – 2. conj. de sub. : *quand, lorsque* – ubi primum : *dès que*

ullus, a, um : neque ullus : *et aucun... ne*

ulmus, i, f. : *orme, ormeau*

ultérior, ius : *plus éloigné*
últimus, a, um : *le plus éloigné, le dernier, extrême – l'extrémité de*
últio, -ónis, f. : *vengeance*
ultra (+ ACC.) : *au-delà (de)*
ultro : *en prenant l'offensive, spontanément*
ululátus, us, m. : *hurlement*
umbra, ae, f. : *ombre*
umquam (unquam) : neque umquam (unquam) : *et jamais... ne*
unā : *ensemble* – unā cum + ABL. : *en même temps que*
unda, ae, f. : *onde, flot*
unde (interrogatif ou relatif) : *d'où*
úndique : *de partout, de toutes parts*
únicus, a, um : *un seul*
univérsus, a, um : *tout entier* – univérsi, ae, a : *tous (sans exception)*
unquam = umquam
unus, a, um : *un, un seul*
urbs, urbis, f. : *ville* – Urbs : *Rome*
urus, i, m. : *aurochs*
usque (ad + ACC.) : *jusque (à, vers)*
usus, us, m. : *usage, utilité, expérience*
ut, conj. de sub. : **A.** + INDIC. : 1. *quand, lorsque* – ut primum : *dès que* (temps) – 2. *de même que, ainsi que, comme* (comparaison) – **B.** + SUBJ. : 1. *que* (sub. complétive) – 2. *pour que, afin que* (but) – 3. *(de telle sorte) quo, (si bien) que* (conséquence)
uter, utris, m. : *une outre*
utérque, utrâque, utrúmque : *l'un et l'autre, tous les deux*
uti : 1. = ut dans tous ses emplois – 2. infin. présent de utor
Útica, ae, f. : *Utique*
útinam + SUBJ. : *pourvu que, ah ! si seulement*
utor, úteris, uti, usus sum (+ ABL.) : *se servir (de), utiliser*
utrum... an : *est-ce que... ou ?* (interr. dir.) – + SUBJ. : *si... ou si* (interr. indir.)
uva, ae, f. : *raisin, grappe*
uxor, -óris, f. : *femme, épouse* – uxórem dúcěre : *prendre pour femme, épouser*

V

vacátio, -ónis, f. : *dispense*
vadum, i, n. : *gué*
vagor, áris, ári, átus sum : *aller çà et là, se répandre, rayonner*
vagus, a, um : *errant*
váleo, es, ére, ui : *être fort, se bien porter, être bien portant*
valetúdo, -inis, f. : *état de santé, santé*
válidus, a, um : *fort, robuste*
vallum, i, n. : *palissade*
varíetas, -átis, f. : *variété*
várius, a, um : *varié, divers*
vástitas, -átis, f. : *dévastation*
vasto, as, áre : *dévaster*
vastus, a, um : *démesuré, très vaste, très grand*
vates, is, m. : *devin*
veheménter : *violemment, fortement*
veho, is, ěre, vexi, vectum : *transporter*
vel : *ou (bien)*
veles, -itis, m. : *soldat armé à la légère, vélite*
velut : *de même que, ainsi que, comme*
venátio, -ónis, f. : *chasse*
venátor, -óris, m. : *chasseur*
venátus, us, m. : *chasse*
vendo, is, ěre, véndidi, vénditum : *vendre*
venénum, i, n. : *poison*
vénia, ae, f. : *faveur*
vénio, is, íre, veni, ventum : *venir*
venor, áris, ári, átus sum : *chasser*
venter, -tris, m. : *ventre*
vepres, is, m. : *ronces*
vérbero, as, áre : *frapper*
verbum, i, n. : *parole, mot* – verba fácio, is, ěre, feci, factum : *parler*
Vercingétorix, -igis, m. : *Vercingétorix*
verecúndia, ae, f. : *respect*
véreor, éris, éri, véritus sum : *craindre, respecter*
Vergílius, -ii, m. : *Virgile*
vergo, is, ěre : *être tourné vers*
vero (après le 1er mot) : *mais, quant à*
versículus, i, m. : *(un) vers* (diminutif de versus)
versor, áris, ári, átus sum : *se trouver*
versus, us, m. : *(un) vers*
verto, is, ěre, verti, versum : *tourner*
verum : *mais*
verus, a, um : *vrai, véritable*
Vespasiánus, i, m. : *Vespasien*
vesper, -eris, m. (acc. : vésperum) : *soir*
vestális, is, f. : *vestale*
vester, -tra, -trum : *votre, le vôtre*
vestígium, -ii, n. : *trace*
véstio, is, íre, ívi (ii), ítum : *vêtir, habiller*
vestis, is, f. : *tissu, vêtement* (ou *vêtements)*
veteránus, i, m. : *vétéran*
vetus, véteris : *vieux*
vetústas, -átis, f. : *vieillesse*
vexo, as, áre : *piller*
via, ae, f. : *voie, route, rue*
vicínia, ae, f. : *proximité*
vicínus, a, um : *voisin* – vicínus, i, m. : *un voisin*
victor, -óris, m. : *vainqueur, victorieux*
victória, ae, f. : *victoire*
victus, us, m. : *nourriture*
vicus, i, m. : *village – quartier (d'une ville)*
vidélicet : *bien entendu*
vídeo, es, ére, vidi, visum : *voir*
vídeor, éris, éri, visus sum : *sembler, paraître*
vigilántia, ae, f. : *habitude de veiller – vigilance*
vigília, ae, f. : *veille*
vígilo, as, áre : *veiller, être éveillé*
vilis, e : *vil*
villa, ae, f. : *ferme, maison de campagne, "villa"*
víllicus, i, m. : *régisseur*
vinco, is, ěre, vici, victum : *vaincre*
vínculum, i, n. : *lien, chaîne* – in víncula conjícěre : *jeter dans les fers, en prison*
Vindélici, órum, m. pl. : *les Vindéliciens* (habitants du nord des Alpes, Bavière actuelle)
víndico, as, áre : *venger*
vinum, i, n. : *vin*
víolo, as, áre : *traiter avec violence*
vir, viri, m. : *homme* (par opposition à la femme), *mari*
virgo, -inis, f. : *vierge, jeune fille*
virgúlta, órum, n. pl. : *broussailles*

víridis, e : *vert, verdoyant*
virtus, -útis, f. : *courage, vertu*
vis, –, f. sg. : *force, violence* – pl. : vires, vírium : *les forces*
vita, ae, f. : *vie* – vitam ágĕre : *mener une vie, passer sa vie*
vitéllus, i, m. : *veau*
vitis, is, f. : *vigne*
vítium, -ii, n. : *vice, défaut*
vito, as, áre : *éviter*
vitúpero, as, áre : *blâmer*
vivo, is, ĕre, vixi, victum : *vivre*
vivus, a, um : *vivant*
vix : *à peine, avec peine*
voco, as, áre : *appeler*
volátus, us, m. : *vol*
volo, vis, velle, vólui : *vouloir*
Volsci, órum, m. pl. : *les Volsques* (peuple du Latium)
vólucris, is, f. : *oiseau*
volúntas, -átis, f. : *volonté*
volúptas, -átis, f. : *plaisir*
voro, as, áre : *dévorer*
vos : *vous*
votum, i, n. : *vœu, souhait*
vóveo, es, ére, vovi, votum (+ PROP. INF.) : *faire vœu (de)*
vox, vocis, f. : *voix*
vulgáris, e : *commun*
vulgus, i, n. (acc. sg. : vulgus) : *la foule, les gens*
vulnus, vúlneris, n. : *blessure*
vulpécula, ae, f. – **vulpes,** is, f. : *renard*
vultus, us, m. : *visage, expression, air*

Z

Zeno, -ónis, m. : *Zénon* (fondateur de l'école stoïcienne)

Impression I.M.E. - 25-Baume-les-Dames - Dépôt légal : Janvier 1991 - N° éditeur : 8598